CURIOSIDAD

= FELICIDAD Y ÉXITO

PROFIT
editorial

Profit Editorial, sello editorial de referencia en libros de empresa y management. Con más de 400 títulos en catálogo, ofrece respuestas y soluciones en las temáticas:

- Management, liderazgo y emprendeduría.
- Contabilidad, control y finanzas.
- Bolsa y mercados.
- Recursos humanos, formación y coaching.
- Marketing y ventas.
- Comunicación, relaciones públicas y habilidades directivas.
- Producción y operaciones.

E-books:
Todos los títulos disponibles en formato digital están en todas las plataformas del mundo de distribución de e-books.

Manténgase informado:
Únase al grupo de personas interesadas en recibir, de forma totalmente gratuita, información periódica, newsletters de nuestras publicaciones y novedades a través del QR:

Dónde seguirnos:

 | @profiteditorial

  | Profit Editorial

Ejemplares de evaluación:
Nuestros títulos están disponibles para su evaluación por parte de docentes. Aceptamos solicitudes de evaluación de cualquier docente, siempre que esté registrado en nuestra base de datos como tal y con actividad docente regular. Usted puede registrarse como docente a través del QR:

Nuestro servicio de atención al cliente:
Teléfono: **+34 934 109 793**

E-mail: **info@profiteditorial.com**

Alfons Cornella

CURIOSIDAD
= FELICIDAD Y ÉXITO

 **PROFIT**
editorial

Todas las publicaciones de Profit están disponibles para realizar ediciones personalizadas por parte de empresas e instituciones en condiciones especiales.
Para más información, por favor, contactar con: info@profiteditorial.com

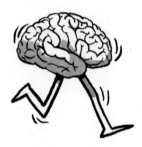

© Del prólogo, Alfons Cornella
© Profit Editorial I., S.L., Barcelona, 2023

Diseño de cubierta y maquetación: XicArt
Imagen de la cubierta: Edmond de Haro
Diseño de los dibujos del interior: Cristina Bueno

ISBN: 978-84-19841-07-0
Depósito legal: B 11148-2023
Primera edición: Noviembre de 2023

Impresión: Gráficas Rey
Impreso en España – *Printed in Spain*

Índice

INTRODUCCIÓN

Este libro responde a una inquietud: mi curiosidad por la curiosidad.

Espero que si estás en sintonía con esta inquietud, el texto te resulte útil, y que si hasta ahora la curiosidad te parecía una trivialidad meramente divertida, te unas a los que pensamos que es un componente crítico del que depende nuestro futuro como especie.

Profesionalmente me he dedicado, de diferentes formas, a la innovación durante 30 años. En esta trayectoria he aprendido sobre creatividad, imaginación, innovación, emprendimiento y otras actividades humanas, todas ellas directamente relacionadas con el progreso de nuestra especie. Actividades que convierten una idea, una corazonada, un impulso o una inquietud en algo frecuentemente nuevo que no existía antes. Pues bien, creo que ni la creatividad ni la innovación podrían existir sin un elemento previo fundamental: la curiosidad. Esta «energía» misteriosa de la mente humana que le lleva a uno a **sorprenderse** ante cosas nuevas y que le incita a buscar saber más sobre aquello que le inquieta, simplemente porque le pica la curiosidad.

Esta capacidad de transformación del entorno creando cosas nuevas (para bien y para mal...) es lo que nos distingue de otros animales, entre ellos los primates, los más cercanos a nosotros en esta cuestión, al menos en este planeta. Otros animales también son curiosos, se sorprenden ante estímulos que se les aparecen, pero, por lo que hoy sabemos, solo los humanos nos hacemos preguntas del tipo ¿por qué?, con la voluntad de saber algo que antes no sabíamos sobre algo o alguien. Poder (y querer) preguntarse el porqué es definitorio del ser humano.

Queda por determinar si una máquina podrá ser curiosa. En el momento de escribir estas líneas (2023), de lo que más se habla en los ámbitos tecnológicos es de los *softwares* basados en inteligencia artificial que construyen textos muy parecidos (e incluso mejores) a los que escribiría un ser humano. Estos *softwares* también son capaces de crear *softwares*, e incluso se está trabajando en algoritmos que desarrollen la curiosidad en otro *software* (por ejemplo, un robot). Pero mientras este futuro de máquinas inteligentes, inquietas y curiosas no llega, la alternativa de los humanos es, justamente, ser humanos; es decir, aprovechar las características distintivas de nuestra mente que son difíciles de replicar en una máquina. Propongo que esta debería ser la estrategia «temporal» de los humanos mientras no aparezcan máquinas curiosas que deriven en sistemas creativos.

Cuando empezó mi interés por la curiosidad solo intuía que este era un gran tema de futuro. Me propuse compartir lo que aprendía con quien quisiera a través del canal *Curiosity Atelier* en diversas redes sociales. Tras 50 artículos (y sus correspondientes vídeos) llegué a la convicción de que este es un tema crítico para nuestro futuro como especie y que, en consecuencia, hay que aprender más sobre la curiosidad humana. Los 50 videos están disponibles en:

Quiero agradecer muy especialmente a las personas que me han ayudado en este proyecto a través de su patrocinio específico. Sus aportaciones me han permitido cubrir una parte de los costes.

Agradezco también al equipo que lo ha hecho posible, con las ilustradoras Cristina Bueno y María Vicente, el videocreativo Víctor Pablo y la gestora de comunidades Vero García, por aguantar mi curiosidad irrefrenable que frecuentemente impone agendas difíciles de cumplir.

La curiosidad vive en el filo entre lo trivial (¡Mira qué curioso este vídeo en TikTok!) y lo sublime (*¿Qué ocurrió en el Big Bang?*). Aportar dignidad a la palabra *curiosidad* es nuestra misión. ¿Te apuntas?

Alfons Cornella, 2023

001
· · ·

La curiosidad, ¿qué es?

Quizás haya tantas definiciones de curiosidad como personas existen, pero hay una que sintetiza muy bien lo que muchos entendemos, de forma intuitiva, en qué consiste ser curioso.

La encontramos en el diccionario inglés *Merriam-Webster*, y dice así: «Curiosidad: deseo de conocer, de saber». Se trata de no quedarse inalterado ante algo, sino de inquietarse por descubrir qué hay detrás, de hacerse preguntas. En la curiosidad hay unos elementos de cierta rebeldía cognitiva, de travesura. Ser curioso es ser inquieto, es no quedarse tal cual ante algo. Es querer inquirir, profundizar, desvelar los pequeños secretos de algo que se nos presenta como desafiante. Es una inclinación a aprender lo que no se conoce.

En la mayoría de las lenguas occidentales el término *curiosidad* procede del latín *curiositas*, y este de *cura* ('tener cuidado de'). Las acepciones del término han ido aumentando: curiosidad como algo raro o singular; ser curioso como alguien a quien le gusta acabar bien las cosas, estar en los detalles. Por tanto, curiosidad no es solo querer saber, sino también apreciar la diferencia, la singularidad.

En su *Leviatán*, Thomas Hobbes dice que la curiosidad es lo que nos distingue de los animales, además de la razón. Es una pasión «singular», la perseverancia en el placer de generar nuevos conocimientos, que, nos dice, «excede la corta vehemencia de cualquier placer carnal». Y lo sintetiza en la expresión *la lujuria de la mente*, que me parece sutil y preciosa.

Ser curiosos nos hace humanos. Es lo que, hoy por hoy, también nos distingue de esas máquinas inteligentes que ya empiezan a aparecer en el horizonte.

La **ciencia** depende de la curiosidad humana. En el **mundo empresarial** la innovación es fundamental y surge de la curiosidad. La curiosidad es una nueva forma de moneda; ser curioso genera valor. Hay empresas que ya tienen su *chief curiosity officer* (CCO) e incluso otras, como IKEA, que han definido la posición de *chief player officer* (CPO), para la que han buscado «una persona curiosa de entre 4 y 12 años obsesionada con el juego y la aventura». En **el arte y la cultura** la curiosidad es la energía esencial. Y estimular la curiosidad tendrá un papel crítico en la reinvención de la **educación**.

Si has llegado hasta aquí es porque tenías curiosidad sobre la palabra *curiosidad*. En los siguientes capítulos vamos a hablar de cómo aplicar la curiosidad, de cómo estimularla, de cómo surgió en la ciencia, de cómo la usamos para inventar nuevos negocios, etc. Y también de por qué en algunas ocasiones la curiosidad no ha sido bien vista, como lo sintetiza muy bien la frase «la curiosidad mató al gato», una expresión con la que se advierte a alguien de que no se meta en ciertos asuntos.

¿Tienes curiosidad por saber más sobre la curiosidad?

 **Nos distingue de los animales**

 **Es la pasión de generar conocimiento**

 **Excede cualquier pasión carnal**

002

La manzana de Newton

Existen dos tipos básicos de curiosidad: la que surge de sorprenderse ante algo (¡Uau! ¡Qué curioso! ¡Qué singular es esto!) y la que incita a investigar más profundamente (¡Mmm! ¡Qué curioso! ¿Qué hay detrás de esto?). Este segundo tipo, el que genera ganas de saber más sobre una determinada cuestión, el que origina preguntas para profundizar, siempre ha sido fundamental en el desarrollo de la ciencia.

Una de las historias más populares sobre la observación de un hecho natural que originó ciencia es la que liga la caída de una manzana con la **teoría de la gravitación**. La suerte es que en ese momento singular resulta que allí estaba Newton para observarlo. No hay certeza de que la historia sea verídica, aunque fue transmitida al mundo a través de Voltaire, a quien al parecer se la explicó la sobrina de Newton, Catherine Barton, que rigió la casa del genio durante años.

Sea como sea, el hecho de que millones de personas hubieran visto caer manzanas anteriormente, pero solo una de ellas se preguntara por qué caía verticalmente hacia abajo, hacia el centro de la Tierra, y no hacia arriba o hacia los lados, cambió la historia del mundo.

Bueno, aunque no fue todo tan simple. Al propio Newton le llevó más de veinte años desarrollar una teoría bien construida en la que proponía la gravitación, y sugería que la caída de la manzana hacia el suelo y la rotación de la Luna alrededor de la Tierra tenían la misma causa, desarrollando con ello la primera «unificación» en la historia de la física.

Hacerse **buenas preguntas** es fundamental para el desarrollo de la ciencia, pero no basta con hacerse una pregunta y ya está. El valor está en **perseverar** en la búsqueda de respuestas, como lo hizo Katalin Karikó, cuya obstinación por seguir el modelo del ARN mensajero la llevó a desarrollar una de las vacunas más eficientes para la covid-19, o como lo hace ahora Jeremy Munday al preguntarse cómo generar electricidad en paneles solares ¡de noche!

Pero no nos confundamos. Con observar algo y hacerse una pregunta no es suficiente. También hay que **abrir la mente** para que fluyan respuestas procedentes de lugares insospechados. Por ejemplo, Newton era un gran matemático, cierto, pero también fue un gran alquimista interesado por las artes «mágicas» de la transmutación de la materia. Y parece que justamente esa actividad, a la que dedicó mucho tiempo, le permitió atreverse a proponer una fuerza de la gravitación que actuaba a distancia, algo contrapuesto a la idea de la transmisión de fuerzas por puro contacto entre la materia, que era la idea de Descartes, dominante en la física hasta ese momento. Esa propuesta de acción a distancia que hizo Newton para la gravitación quizás tuviera su origen en las fuerzas invisibles que fascinaban a alquimistas como él.

Por tanto, hay que observar, hacerse preguntas sobre lo que vemos y estar abierto a soluciones que vengan de los lugares más insospechados. Hay que ser curioso en múltiples direcciones.

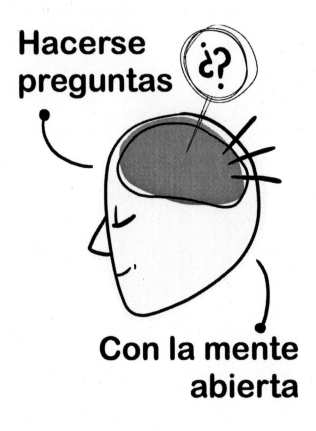

Hacerse preguntas ¿?

Con la mente abierta

003

La triple «B»

Ser curioso es desear conocer. Es la inquietud por preguntarse, por ir más allá en algo. Por tanto, hay una estrecha relación estructural entre la curiosidad y la creatividad. Porque una forma de ser curioso consiste en explorar nuevas formas, en imaginar, en crear. La curiosidad te incita a ver de manera diferente y a usar las manos, a imaginar con las manos. Ser creativo consiste en explorar, en experimentar, en idear nuevas formas, de múltiples maneras, y lo haces estimulado por la curiosidad. La creatividad es, quizás, la curiosidad aplicada.

Hay personas que han dedicado su vida a entender la mente creativa, y quizás la más destacada sea Margaret Boden. Simplificando mucho sus investigaciones, podríamos decir que describió tres formas principales de creatividad: **combinar, explorar y transformar**. Combinar ideas conocidas de formas nuevas, inesperadas. Explorar nuevas posibilidades en espacios conceptuales ya conocidos. Y, finalmente, transformar, tomar algo, o una idea, y convertirlo en otra cosa.

En una línea parecida, Brandt y Eagleman proponen en su libro *The runaway species* tres operaciones cognitivas básicas, que en inglés se describen muy bien con tres verbos que empiezan por la letra «B»: *bending* (una modificación, una torsión de algo), *breaking* (la descomposición de algo en sus partes, para recomponerlo de formas diferentes) y *blending* (la mezcla de dos o más cosas, fuentes en su terminología). La creatividad sería, básicamente, el resultado de combinar estas tres operaciones cognitivas básicas.

Y constantemente aplicamos estas operaciones cognitivas en innovación:

- *Bending* (modificar algo): podemos tomar un paraguas y cambiar la forma en la que se abre, convertir una bebida conocida en helado o transformar un juguete en un instrumento para aprender historia.

- *Breaking* (descomponer algo): podemos tomar una silla y descomponerla para idear una forma totalmente diferente de asiento, tomar el teclado de un piano y «trocearlo» para poderlo llevar en una mochila o modificar el cuadro de una bicicleta para impedir que pueda ser robada.

- *Blending* (mezclar cosas): podemos transformar una máquina para hacer punta a un lápiz en un rallador de queso, mezclar una escuela de artes con otra de negocios o integrar una residencia de ancianos con un orfanato.

En definitiva, la curiosidad nos lleva a explorar, y en muchas ocasiones esa exploración nos lleva a crear, a probar haciendo pruebas, a crear **prototipos**.

BENDING
Modificación

BREAKING
Recomposición

BLENDING
Mezcla

004

...

Los gabinetes de curiosidades

¿Qué haces si eres rico en el siglo XVI y quieres entretener a tus amigos influyentes, que ya se aburren de todo? Pues enseñarles tu gabinete de curiosidades, tu sala de las maravillas. Un lugar fascinante repleto de cosas raras, sorprendentes, traídas de los rincones más exóticos del mundo. Una selección de estímulos, insólitos para los visitantes, que incitan nuevas conversaciones especulativas. Un cuarto para disparar la curiosidad desbordada. Cuanto más raros sean los objetos, cuanto menos conocidos, ¡mucho mejor!

La ilustración histórica más antigua que se conserva de un gabinete de curiosidades es de Ferrante Imperato, un boticario y naturalista de Nápoles, nacido en 1525, que tenía un gabinete rebosante de «maravillas» desde el suelo al techo. No en vano, en alemán estos espacios se denominan *Wunderkammer* ('cámara de maravillas'). Las había a decenas; no eras nadie si no tenías una. Y se extendieron hasta el siglo XVIII, en el que aparecieron nuevas formas de «apaciguar» la curiosidad. Una cámara también muy conocida fue la de Ole Worm, en Copenhague, con animales y conchas traídas del exótico Ártico (el denominado Museum Wormianum). Y muchas más florecieron hasta los inicios de la era victoriana.

Algunos de estos gabinetes fueron notables, como el del emperador Rodolfo, en Praga; el del archiduque Fernando II, en Innsbruck; la *Kunstkamera* de Pedro El Grande, en San Petersburgo, o la de Luis XIV, repleta de animales exóticos, en su querido Versalles. Incluso los emperadores chinos gozaban desde ya hacía tiempo de las maravillas del mundo remoto, como lo demuestra la fascinación que crearon en la corte las jirafas que trajo consigo el gran navegante Zheng He, al parecer un obsequio de embajadores africanos que encontró en Bengala (India).

La función de los gabinetes de curiosidades fue recopilar rarezas para maravillar, exaltar al visitante con la diversidad exótica del mundo, cuyas partes más remotas empezaban a ser descubiertas por los occidentales (era la era de los descubrimientos). Y lo hacían a través de todo tipo de cosas: minerales, animales, vegetales, objetos raros elaborados por el ser humano, instrumentos científicos, autómatas... En fin, cualquier cosa que los invitados no hubieran visto antes. Y cuanto más raros, mejor; cuánto más curiosas las cosas del gabinete, más prestigio para el dueño del mismo.

Pero gracias a su interés por la exoticidad del mundo, estos «patricios» se convirtieron en «patronos» de los primeros científicos. Sin ellos, quizás personajes curiosos tan relevantes como Tycho Brahe, Kepler o Galileo no habrían podido hacer su trabajo. Era el inicio de la ciencia tal como la conocemos hoy.

CURIOSIDAD = RAREZA

Los gabinetes de curiosidades contribuyeron a la evolución desde ver la naturaleza como «el desorden mágico» a ser vistos como «el teatro de la Naturaleza», y de ahí a colecciones de evidencias y hechos que estudiar para entender el mundo. Muchos de ellos se convirtieron en los precursores de los primeros museos. Primero pasaron de gabinetes de curiosidades a gabinetes de historia natural, y con ello se pasó del desorden de los gabinetes a la estructuración en categorías de los museos. Así, la taxonomía acabó por gobernar en el caos curioso.

OBJETIVO = MARAVILLAR

Puede que se pongan de nuevo de moda, porque en un torrente imparable de estímulos como el actual, se agradece que alguien te seleccione las perlas más curiosas. Como hizo, por ejemplo, el British Museum con su imprescindible selección de «100 objetos para entender el mundo».

Antecesores de los museos modernos

005

Preguntas catalíticas

Cada día nos hacemos múltiples preguntas, pero ¿cuántas de ellas abren algo nuevo, incitan a desarrollar un proyecto, te cambian la vida, o, incluso, cambian el mundo? Se trata de preguntas realmente significativas, que facilitan que ocurran cosas, que «disparan» acciones, que ponen en cuestión cosas que siempre se han hecho.

Las llamamos **preguntas catalíticas**, en el sentido de que aceleran una transformación, un cambio. Se trata de hacerse preguntas bien escogidas que ayuden a focalizar la atención en lo que realmente importa.

Encontramos preguntas catalíticas en el origen de alguna de las grandes innovaciones de las últimas décadas. Por ejemplo:

- ¿Por qué hay que esperar a revelar una foto para tenerla impresa?, cuestión que llevó a la invención de la Polaroid.

- ¿Por qué una persona no puede pasar dinero a otra a través de su teléfono *móvil?*, que llevó a la creación del Bizum.

- ¿Por qué no puede haber un sistema simple de seguros en países en desarrollo?, lo que llevó al nacimiento de la empresa Microinsurance.

- ¿Podrían funcionar los tranvías sin catenaria?, etcétera.

Estas preguntas se denominan *catalíticas* porque facilitan que ocurran cosas, en especial que **se cuestionen** cosas que siempre se han hecho de una determinada manera, y que se pongan en valor acciones disruptivas que están haciendo otros agentes del mercado (incluso los competidores).

Las preguntas catalíticas acostumbran a tener un impacto en el **largo plazo**,

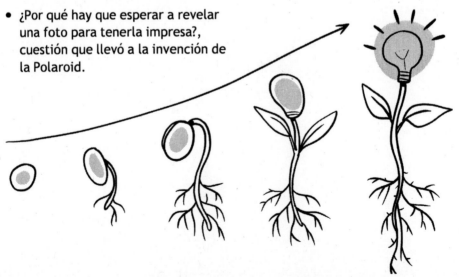

abren perspectivas, a veces radicales, que generan nuevas oportunidades de negocio y frecuentemente **cambian las reglas del juego** de una industria.

THE NEXT VERSION OF YOU

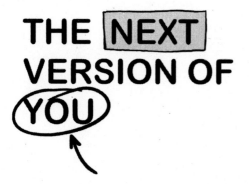

Una pregunta catalítica tiene, por tanto, el potencial de incitar una transformación, por eso hablamos también de **preguntas-reto** o de **mecanismos catalíticos**. De hecho, así las llamó el fundador de este campo, Jim Collins. Se trata de hacerse una pregunta relevante que lance un reto transformador. A este tipo de preguntas-reto se las denomina a veces BHAG *(Big, Hairy, Audicious Goals)* porque tienen metas grandes y audaces, siendo peliagudas, complejas, sofisticadas, como el gran reto de Kennedy: llegar a la Luna en menos de una década.

Las preguntas catalíticas, convenientemente exploradas y/o resueltas, pueden llevarnos a una nueva versión de nosotros mismos *(next you)*. Por ejemplo, dos de las preguntas catalíticas que tu empresa debería hacerse hoy mismo son:

¿Cuáles deberían ser nuestros sensores, los mecanismos para identificar rápidamente qué pide el mercado, para poderle dar una respuesta eficaz y rápida?

¿Con quién podríamos asociarnos para combinarnos y crear un producto de mayor valor?

Las preguntas catalíticas son hoy fundamentales, y hacérselas requiere, ante todo, una actitud curiosa.

006

¿Qué hace a un genio?

Parece claro que no hay una única forma de ser genio. Hay genios que derivan de una inteligencia singular, sea del tipo que sea. Otros destacan por su creatividad. Otros por atreverse a hacer cosas muy distintas de lo que consideramos normal. En cualquier caso, un genio es alguien diferente del resto. Y a lo largo de la historia ha habido muchos más de los que conocemos, que, además, responden al estereotipo de hombre blanco europeo.

De hecho, una de nuestras mayores responsabilidades para el futuro es que no se malogre ningún genio potencial, sin distinción de género, etnia o procedencia. No podemos perder más Einsteins. Más aún cuando, en especial, vamos descubriendo magníficos ejemplos de mujeres genios, como Emmy Noether, Vera Rubin o Maria Sibylla Merian, entre otras muchas.

Al parecer, una característica común de los genios es que ven diferente, y eso es así porque miran de una forma diferente. Un genio no mira igual, no acepta la visión normal de las cosas. Un genio se hace preguntas diferentes (quizás como las catalíticas, de las que hemos hablado antes). Por tanto, no es desmesurado decir que en el origen de muchos genios hay una gran curiosidad. Por ahora no nos preguntaremos si esa curiosidad es innata o incitada.

Se ha podido determinar que algunos genios «disfrutaban» de características realmente diferenciales, a veces incluso fisiológicas. Por ejemplo, se dice que Leonardo da Vinci tenía una agudeza visual extraordinaria, lo que le permitía ver lo que los demás no podían ver, literalmente. Eso le habría permitido ver con exactitud los torbellinos de agua que después «congeló» en el tiempo, haciendo de ellos un retrato muy exacto.

Pero, a parte de estas diferencias puramente físicas, ¿qué hace a un genio? Veamos algunas características comunes de los genios:

Una **inteligencia** muy desarrollada, que les permite procesar información desde un foco de atención.

Gran **creatividad**, una capacidad para pensar y hacer cosas nuevas, con un cerebro que les recompensa cuando hacen, cuando crean, algo nuevo como respuesta a su curiosidad.

Un manejo hábil, intuitivo, de la **incubación** de las ideas, o sea, para dejar que una idea vaya cociéndose lentamente en el cerebro, a veces durante décadas, hasta que, después de ese período de maduración, estalla.

Una capacidad para **conectar** cosas aparentemente no relacionadas, una consecuencia, quizás, de tener mejores conexiones entre sus hemisferios cerebrales. Dicen, por ejemplo, que Picasso era un maestro en el arte de las conexiones. Quizás su obra *Cabeza de toro*, fabricada con un sillín y un manillar de bicicleta, lo demuestra.

Un **entorno estimulante**, de personas o situaciones que les incitaron, los llevaron, a explotar sus capacidades. Personas significativas que les impulsaron. A veces, incluso, poniéndoles en situaciones muy difíciles (la belleza de las restricciones de las que hablaremos en otro capítulo).

Pero, finalmente, parece que hay dos condiciones básicas comunes a los genios:

Su **perseverancia**, tenacidad, su voluntad de multiplicar su inteligencia por su esfuerzo.

Su **suerte**, haber podido experimentar la confluencia, quizás casual, de hechos y personas que hicieron posible desarrollar su genio.

Y claro, está, sobre todo, su **curiosidad**.

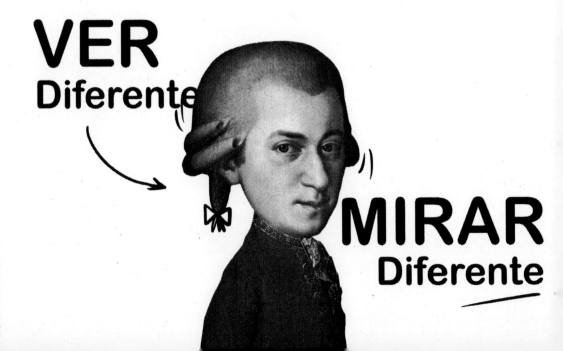

VER
Diferente

MIRAR
Diferente

007

• • •

Ser curioso es bueno para tu salud

De forma intuitiva vemos que ser curioso es divertido, inyecta chispa dentro de las rutinas de nuestra vida. Pero ¿es bueno para la salud mental? Y más aún, ¿es bueno para la salud en general?

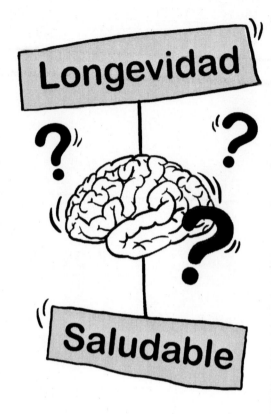

En algunos estudios se ha demostrado que existe una correlación entre permanecer curioso cuando envejeces y tu salud en general. Al parecer, el hecho de que decaiga la curiosidad podría ser un indicador de una posible enfermedad neurológica y de una salud en declive. Saramago dice que «empiezas a envejecer cuando dejas de ser curioso».

En otros estudios se han encontrado correlaciones entre mantener un alto nivel de curiosidad y una menor probabilidad de desarrollar hipertensión y diabetes. Por tanto, mantenerse activo en términos de curiosidad sería bueno para la salud mental, pero también para la salud física en general.

E incluso hay investigaciones que muestran que las mujeres mayores acostumbradas a leer con interés novelas de misterio conservan mejor sus facultades mentales conforme envejecen. Esto es, una dosis periódica, regular, de lo inesperado (que podemos encontrar en las buenas novelas, o series, de intriga) ayudaría a mantener tu cerebro en un buen estado de salud.

Así pues, permanecer curioso sería saludable física y mentalmente. Si las investigaciones acaban demostrando que existe una **relación entre** mantener **la curiosidad y la longevidad** de los humanos, estimular la curiosidad podría convertirse en una forma de frenar la degeneración neuronal con la edad. Desarrollar programas para mantener la curiosidad de los mayores podría convertirse en algo crítico en una sociedad en la que el deterioro de la salud mental puede llegar a convertirse en una epidemia en las próximas décadas.

Hasta ahora, muchos de los estudios muestran que hay correlaciones entre la curiosidad y la salud, no relaciones causa-efecto. Lo que indican es que hay que estudiar más la conexión entre la curiosidad y la salud.

También resulta curioso destacar que aquello que sirve para la salud en general, por ejemplo, caminar, dar un paseo, puede ser también estimulante para la curiosidad; por ejemplo, si caminamos por algún lugar nuevo para nosotros y abrimos nuestros ojos para mirar de manera diferente aquello que se nos presenta como nuevo. Así pues, darse una dosis diaria de **descubrir algo nuevo** sería tan importante como comer bien o dar un paseo. Más aún, puede que la curiosidad nos ayude a escoger las mejores opciones para nuestro bienestar presente y futuro.

Lo que hoy ya sabemos es que, a nivel cerebral, la curiosidad funciona como un anticipo de recompensa. Es decir, la curiosidad por algo se dispara porque intuyes una alta posibilidad de retorno, de recompensa; tienes curiosidad por algo porque con ello puedes aprender algo nuevo, resolver algo que te inquieta o inyectar algo nuevo en tu vida. Esta promesa de recompensa, de conseguir algo nuevo, genera un chorro de dopamina en el cerebro. Ser curioso da energía al cerebro y facilita un estado creativo, lo cual, como veremos más adelante, también deriva en aumentar el grado de felicidad.

«Gimnasia de la curiosidad»

Así pues, ser curioso da energía al cerebro, lo que nos facilita ser más creativos, lo que nos brinda felicidad. La curiosidad, metafóricamente hablando, sería como una «electricidad espiritual» de la mente creativa, como ha dicho la artista Julia Cameron. Y esta electricidad es buena para nuestra salud.

SALUDABLE
para el cuerpo

ESTIMULANTE
para la mente

Curiosidad
Creatividad
Felicidad

008

·　·　·

Personas significativas

¿A quién recuerdas, del colegio, la universidad o alguno de tus empleos, que realmente te impactara, que tuviera un efecto importante en tu vida?

Todos tenemos a alguien que estuvo presente en un momento importante, que contribuyó con una frase, un estímulo o incluso con una actitud negativa, a hacernos tomar una decisión, a cambiar o a conservar nuestro camino. Son las que podríamos denominar **personas significativas**. Y en términos de curiosidad, resultan fundamentales aquellas personas que nos estimulan a hacernos preguntas, a cuestionar lo que vemos, a indagar en nuevas direcciones.

Es un regalo de la vida que te cruces con alguien que impulse tu curiosidad.

En este aspecto no existe un patrón único. Muchas de estas personas significativas las encontramos en el ámbito educativo o en el laboral, otras proceden de la familia (menos de las que pensamos); algunos tienen la suerte de tener un mentor durante algún momento crítico de su vida y otros lo tienen durante toda la vida.

Nos podemos preguntar cómo habría cambiado la historia si algunas personas críticas para el desarrollo humano no hubiesen tenido el impacto de sus mentores. Sería el caso, por ejemplo, de Newton. Su profesor en la escuela local, la King's School de Grantham, Henry Stokes, viendo las posibilidades del joven Isaac, persuadió a su madre para que le permitiera continuar aprendiendo, lo cual acabó llevándole al Trinity College, en la Universidad de Cambridge.

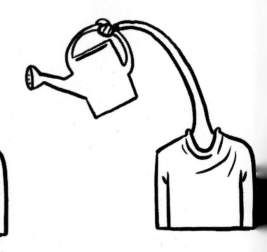

Otro caso parecido es el del gran matemático alemán Gauss, nacido en una familia más bien pobre, de madre analfabeta, que mostró cualidades de niño prodigio desde muy pronto. Pero fue un profesor de escuela el que resultó significativo para impulsarlo a la consideración del Duque de Brunswick, que lo envío al Collegium Carolinum, y de allí a despegar en una carrera fundamental para el desarrollo de las matemáticas.

Pero hay también quien dice que otros grandes personajes de la historia, como Leonardo da Vinci o Richard Feynman, no tuvieron el influjo de ninguna persona realmente significativa.

En su interesante libro *Curious minds*, John Brockman recoge 27 ensayos de científicos, pertenecientes a un amplio espectro de especialidades, en los que explican qué es lo que los llevó a ser científicos. Encontramos aquí el impacto de personas cercanas (familiares), de profesores, de colegas e incluso de referentes históricos en los que reflejarse; incluso en personajes de series de televisión (como el «profesor» que podía hacer de todo, en la comedia televisiva de la década de 1960 *La isla de Gilligan*). Una de las conclusiones relevantes del libro es que, quizás, el factor común más claro entre todos ellos es su curiosidad y su pasión por aprender.

"Be Nice. Work Hard"

"There Are No Shortcuts"

En particular, resulta fundamental entender la escuela no como un lugar donde transmitir conocimiento, sino en el que estimular la **pasión por hacerse preguntas**, buenas preguntas, por entender, por aprender. En este sentido, resulta fascinante recorrer la trayectoria del que ha sido considerado en muchas ocasiones el mejor profesor de escuela en Estados Unidos, Rafe Esquith. Porque gracias a su práctica de muchos años entendemos lo fundamental que puede resultar la actitud personal de un profesor de escuela en el desarrollo de una vida equilibrada y con sentido.

Pero hay más personas significativas, como esos jóvenes voluntarios que ayudan a niños y adolescentes a superar un *bullying* que ellos también tuvieron que pasar. Son los denominados *good brothers and sisters*. Y, claro está, también los padres y madres, aunque estos quizás son menos relevantes en el desarrollo de la persona de lo que lo son los pares, es decir, los otros niños y niñas con los que tus hijos crecen.

Finalmente, nos preguntamos cuán lejos estamos de que esas personas significativas se vean complementadas por un sistema de inteligencia artificial que dé consejos personalizados basados en el análisis de millones de casos anteriores. ¿Y si algún día nuestro mentor es una máquina?

009

La curiosa energía del viajar

Imaginémonos que llegamos al aeropuerto de una ciudad china, por ejemplo, Chengdu. La lengua es incomprensible. Es cierto que algunos carteles están en inglés, pero nos vemos desconcertados ante la necesidad de interpretar la «navegación» por el aeropuerto. ¿Cómo llegar a la estación de trenes de alta velocidad? ¿Qué tren tomar, a qué hora? ¿Cuál es el protocolo de compra de billetes? Y todo ello con la dificultad de comunicación en un entorno en el que hay pocas personas con las que te puedes comunicar.

Por suerte, esta situación, que podríamos entender como generadora de ansiedad, de cierto malestar, es, en realidad, buena para nuestro bienestar. Enfrentarnos a situaciones nuevas que sean un **reto** a nuestras rutinas habituales obliga a nuestro cerebro a **buscar respuestas**, a determinar soluciones a los problemas que aparecen. En este sentido, las dificultades tienen un efecto regenerativo en nuestro cerebro. Enfrentarse a situaciones nuevas, como en un viaje, aunque no sea a algún lugar remoto, tiene un efecto **restaurativo** en nuestro cerebro, es un revitalizante, y tiene un efecto positivo en nuestra salud.

Durante un viaje hay que entender rápidamente cosas nuevas: palabras, costumbres, lugares, caminos, etc. Ante una situación nueva, muy diferente de las rutinas habituales, el cerebro reacciona. Y la forma concreta, fisiológica, en la que lo hace consiste en que la novedad estimula la aparición de nuevas **dendritas**, nuevas conexiones entre las neuronas del cerebro. Esto es, las nuevas experiencias estimulan la generación de nuevas conexiones. Este es el resultado de la investigación, entre otros, del neurocientífico Paul Nussbaum, de la Universidad de Pittsburgh.

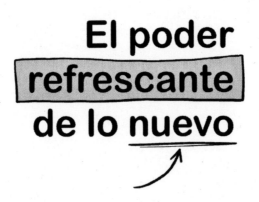

El poder refrescante de lo nuevo

Nuevos estímulos
Nuevas dendritas

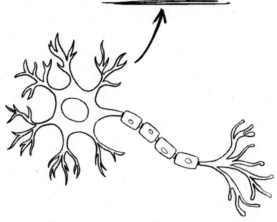

Las dendritas son extensiones en forma de ramas que crecen a partir de las neuronas. Su función es facilitar la transmisión de información entre diferentes regiones del cerebro. En resumen, cuanto mayor es el número de dendritas en funcionamiento en nuestro cerebro, mejor funciona. Esto ayuda a mantener funciones cognitivas como la memoria y la atención. Las investigaciones de Nussbaum muestran que cuando viajas a una nueva ubicación, tu cerebro se ve obligado a dar sentido a los nuevos estímulos. Y esto desencadena la producción de nuevas dendritas.

En este sentido, viajar es saludable porque obliga al cerebro a conectar mejor sus partes. La plasticidad del cerebro, su capacidad de crecer y cambiar a lo largo del tiempo, responde a las nuevas situaciones con una mejor comunicación entre sus componentes.

Otras investigaciones, como las de Marian Diamond, han demostrado que cerebros de animales que crecen en **entornos enriquecidos** (es decir, con muchos estímulos con los que interaccionar) tienen un córtex cerebral más grueso que el de los que crecen en entornos más pobres (sin apenas estímulos). En este sentido, los viajes son cerebralmente saludables porque nos introducen en un entorno enriquecido con nuevos estímulos a los que hay que responder.

Las personas curiosas tienen más interés por descubrir cosas nuevas,

Cambio de perspectiva

Viajar cambia tu cerebro

Si tuviéramos que determinar cinco impactos positivos de viajar, podríamos destacar los siguientes: un cambio obligado de perspectiva, una expansión de tu vocabulario, cambios en tus rutinas diarias, aprendizaje a adaptarse a un nuevo entorno y, lo que me parece más interesante, nos sentimos más cómodos con sentirnos incómodos.

Una última nota: ¿la realidad virtual será capaz de permitirnos viajar virtualmente cada día desde nuestra casa?, ¿podremos sumergirnos en universos desconocidos para dar un fuerte estímulo a nuestro cerebro y hacerle generar montones de nuevas dendritas?, ¿será lo mismo, o mejor, viajar en una realidad extendida que en la realidad real?

entre ellas por viajar. Y el viaje les brinda esas nuevas conexiones cerebrales que revitalizan su mente. Viajar es dejarse caer en un lugar que nos ofrece novedades y complejidad. Y el cerebro lo agradece como un músculo agradece que se le ejercite, en especial cuando empiezas a envejecer.

Sentirse cómodo en la incomodidad

Humanos
curiosos
en un mundo
de máquinas
inteligentes

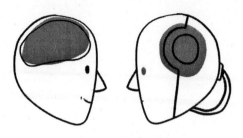

Cuando las máquinas sean tan o más inteligentes que los humanos, ¿cuál será nuestra función? Ya hay máquinas que traducen textos automáticamente con mucha calidad, determinan la autoría de un cuadro, hacen diagnósticos a través de la imagen y son capaces de escribir textos, generar caras de personas de las que no podrías decir si son reales o no y responder a preguntas mejor de lo que lo haría un humano. Cuando los trabajos que hasta ahora hacemos los seres humanos sean realizados por máquinas inteligentes, ¿qué haremos nosotros?

Hay una línea de pensamiento que cree que esto no ocurrirá nunca, o que por lo menos no lo verán las generaciones que hoy viven en la Tierra. Pero vista la rápida evolución de la tecnología en el último siglo, ¿quién puede pronosticar lo que puede ocurrir en los próximos 50, 100, 500 o 1.000 años?

Yo soy de la opinión que la evolución tecnológica de las máquinas es más rápida que la evolución biológica de los seres vivos y que acabaremos viendo máquinas inteligentes con las que deberemos convivir y con las que tendremos que competir, incluso a la hora de conseguir trabajo. Hay muchos expertos que a la pregunta ¿qué nos depara el futuro? contestan con un «no lo sé, pero lo que sea será con inteligencia artificial».

¿Cual será la función de los humanos?

DESCUBRIR y DESARROLLAR el TALENTO de cada humano

Para empezar, a corto y medio plazo las máquinas dominarán aquellas tareas repetitivas que se puedan convertir en un programa, ya que son las más fáciles de asumir por una máquina. En cambio, las tareas con una gran densidad de excepciones, las situaciones difíciles de prever desde el principio, quedarán en manos de los humanos durante algún tiempo. Pero ¿por cuánto?

En este contexto imaginable, resulta bastante inútil querer seguir formando a los humanos en capacidades o habilidades que podrán ser sustituidas por una máquina a medio plazo. No tiene sentido entrenar a los niños y jóvenes de hoy para hacer tareas que harán las máquinas en el futuro.

Lo que precisamos hacer es un cambio en la educación para apalancar las **capacidades distintivas del ser humano**, como la curiosidad, la creatividad o la capacidad de fabricar con nuestras propias manos; la intuición, la improvisación y la imaginación; la capacidad de responder a situaciones inesperadas; la empatía entre las personas; la colaboración, la generosidad y la sensibilidad, y el amor y su energía imparable.

Hay que **combinar** las capacidades humanas con las de las máquinas para obtener una **aumentación dual**; esto es, que cada uno haga lo que sabe hacer mejor, la máquina y el humano, y que se multipliquen mutuamente. Es un futuro de humanos «multiplicados» por máquinas.

Más aún, se trata de hacer esta transformación de la educación a **nivel individual**. Hay que ir hacia una educación en la que se aproveche el **talento natural** que tiene cada persona. Es decir, más que forzarte a desarrollar unas capacidades que no tienes o que acabarán teniendo las máquinas, tienes que desarrollar al máximo tus **capacidades innatas**. La oportunidad de los humanos en un mundo de máquinas inteligentes consiste en que cada humano saque partido de sus capacidades humanas diferenciales.

Los más curiosos, que apalanquen su curiosidad; los más creativos, su creatividad, etc. La función principal de la educación sería, en mi opinión, descubrir ese talento personal y potenciarlo al máximo. En este escenario cambiante y diverso, la educación tiene planteado un gran reto: descubrir el talento de cada persona y animarla a desarrollarlo al máximo desplegando sus propias capacidades. Y, en particular, estimular su curiosidad.

Es una nueva educación para un nuevo mundo. Una educación radicalmente humana en un mundo de máquinas inteligentes.

Estimular su curiosidad...

011

La <u>política</u> de la curiosidad

o por qué China no lideró la revolución tecnológica moderna

Uno se pregunta cómo puede ser que siendo China la cuna de inventos tan importantes como el papel, la pólvora, el reloj, el telar, la rueda hidráulica y algunos instrumentos astronómicos, el desarrollo tecnológico del mundo moderno no tuvo lugar allí, sino en Occidente. Una de las razones que se ha dado se basa, curiosamente, en la geografía del país.

Según este argumento, la geografía más bien plana de una parte de su territorio y la distribución de los grandes ríos hizo especialmente relevantes los grandes proyectos de irrigación. La magnitud de esos proyectos y la enorme cantidad de personas que hubo que movilizar para llevarlos a cabo requería de sistemas de gestión muy estrictos, planificados y centralizados. De ello se derivó un servicio civil, un funcionariado, el mandarinato, que duró literalmente miles de años. Un sistema que daba preferencia a la estabilidad, típica de las políticas de planificación y control, frente al cambio. La pólvora se empleó en China para los fuegos artificiales, mientras que en Europa se utilizó para conquistar ciudades. Bueno, esto es lo que se había dicho hasta ahora, pero algunos investigadores curiosos

están descubriendo que sí la usaron, y profusamente. Sea como fuere, lo que está claro es que ellos la inventaron.

En este sentido, la capacidad inventiva de la cultura china, dominante por ejemplo cuando Europa estaba en su larga Edad Media, no derivó en un desarrollo tecnológico acelerado, porque el sistema político chino, controlado por un funcionariado muy eficiente, tenía por función mantener el *statu quo*, para evitar justamente el cambio. La estratificación de la sociedad era inamovible y toda innovación se aplicaba de forma que no pudiera transformar radicalmente cómo eran las cosas.

De hecho, la situación de bloqueo de todo cambio también se experimentó en Occidente hasta el siglo XVI, cuando algunas mentes inquietas empezaron a transformar el mundo. Antes de eso, lo normal era que el poder, político y sobre todo religioso, impidiera las nuevas ideas. Pensar, poner en cuestión el «orden natural», no era bienvenido. Por ejemplo, intentar entender el mundo se consideraba no solo vanidoso, sino

cercano a la herejía; ¿quién era el pobre humano para intentar entender las maravillas creadas por Dios? Preguntarse era pecado.

Hacerse preguntas no era un comportamiento deseable del ciudadano pío. La misión de los creyentes y vasallos era obedecer, y disponer de un sistema político-religioso que impidiera poner en cuestión el orden social era una pieza fundamental del modelo imperante durante siglos.

Incluso la escena de Adán y Eva ilustra este modelo: no pongas en cuestión las órdenes de Dios, porque hacerlo implica un gran castigo, a ti y a todos los de tu especie. La religión era la manera de entender el mundo. Y esta imposición de ideas garantizaba el mantenimiento del poder a quienes ya lo tenían.

Pero en algún momento del siglo XVI, estos ricos y poderosos empezaron a interesarse por las curiosidades del mundo, por las rarezas que podían mostrar a sus amigos, y financiaron sus gabinetes de curiosidades para sorprender a sus invitados. De ahí surgieron los primeros naturalistas, incipientes científicos, que acabaron fundando un nuevo modelo en el que el desarrollo de conocimiento generaba riqueza.

Así, a diferencia de la estable China, donde no se permitía la aplicación de sus inventos por el miedo a que originara un radical cambio social, la búsqueda de la riqueza que derivó del interés por entender mejor el mundo en Europa no solo trastocó las estructuras de poder a través de la emergencia de la burguesía mercantil, sino que puso a la tecnología como motor de la transformación económica.

En este sentido, una **sociedad abierta** a la aplicación de la tecnología a la mejora social y económica es una **sociedad que progresa**. Y ahora sabemos que para ello es crítico que esa tecnología se aplique también desde fundamentos de **sostenibilidad**. La nueva China así lo ha entendido, y en cuanto se ha desprendido de su obsesión histórica por evitar el cambio ha pasado a convertirse justamente en el **motor** de la transformación del mundo.

La espiral de los tiempos

¿Por qué tenemos la frecuente sensación de que la historia se repite? ¿De que algo que ocurre ahora ya ocurrió antes, aunque quizás de una forma algo diferente? ¿No será que, en efecto, la historia se repite y los humanos tendemos a replicar situaciones ya vividas por generaciones anteriores? Si es así, quizás podríamos desarrollar un **método para extrapolar el pasado y predecir qué puede ocurrirnos en el futuro**. En este sentido, ser curioso sobre las experiencias ya vividas se convertiría en una forma de determinar futuros posibles.

Tal método puede que exista. En su fantástico libro *The five laws to foresee the future*, el ingeniero y filósofo japonés Hiroshi Tasaka propone un modelo susceptible de ser utilizado en la identificación de futuros posibles. La idea principal de este modelo consiste en que la historia avanza en forma de «escalera en espiral». Así, no es que la historia simplemente se repita, sino que si uno añade una nueva dimensión al análisis, lo que observa es que en realidad se ha avanzado una «vuelta de tuerca» respecto a lo que parecería ser lo mismo reeditado.

Una simple imagen para ilustrar un ejemplo puede ayudar a entender este modelo.

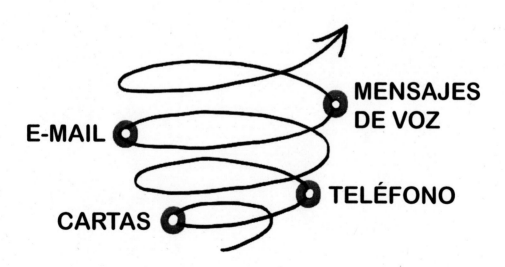

E-MAIL

MENSAJES DE VOZ

TELÉFONO

CARTAS

Hace unas décadas (no tantas) todos escribíamos cartas, postales, etc. Más tarde, sustituimos esos mensajes escritos por conversaciones habladas vía teléfono. Una forma bien distinta de comunicarse.

Más tarde, internet nos trajo los *e-mails*, los correos electrónicos, y volvimos a escribir. Las aplicaciones como WhatsApp o WeChat demostraron la utilidad de escribir mensajes, ahora ya no dirigidos solo a un individuo, sino a grupos.

De aquí pasamos a enviar mensajes de voz. Enviar voz con WhatsApp se convierte en una especie de nueva llamada telefónica.

Y pasamos de escribir blogs a hacer de la videoconferencia, con instrumentos como Zoom, una parte de nuestra

normalidad diaria. Se trata de una nueva forma de conversación hablada.

Este ejemplo muestra cómo, aunque parezca que estamos volviendo constantemente a las formas anteriores de comunicación, en realidad siempre hemos ido avanzando en la forma en la que nos comunicamos, puesto que en cada «vuelta de tuerca» hemos mejorado en la percepción de valor aportado.

Veamos otro ejemplo. Hace siglos, las personas que recibían una educación lo hacían gracias a un instructor privado (los aristócratas, por ejemplo) con una educación personalizada. Más tarde, en el siglo XIX, se pasó a un proceso más industrial, de educación en masa, de enseñanza en aulas para toda la población.

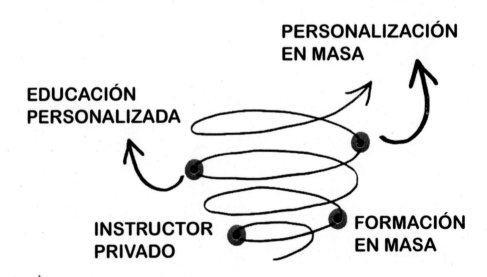

PERSONALIZACIÓN EN MASA

EDUCACIÓN PERSONALIZADA

INSTRUCTOR PRIVADO

FORMACIÓN EN MASA

Ahora quizás pasemos a un proceso de **educación personalizada** para cada individuo, gracias a las posibilidades del tratamiento individual que permiten las tecnologías digitales. Y en un futuro puede que volvamos a una educación personalizada en masa, en aulas, en las que cada alumno siga su propio **programa** personalizado, definido mediante herramientas de inteligencia artificial, pero disfrutando al mismo tiempo de las ventajas de la socialización del aprendizaje.

El método de la espiral consiste, pues, en visualizar la evolución de un concepto a lo largo de la historia para darse cuenta de que frecuentemente hemos vuelto «a lo mismo», pero con un sutil avance en la «tuerca» de la espiral. Se puede aplicar el modelo para dibujar la trayectoria en escalera en espiral de un determinado producto, servicio, etc.

Con todo ello podemos aplicar nuestra curiosidad de forma sistemática a intentar entender lo que nos espera a partir de lo que ya hemos vivido.

013
•••

Los beneficios de la curiosidad

¿Cuáles son los beneficios más relevantes de la curiosidad para los seres humanos?

Uno de los mayores expertos en la curiosidad, Todd Kashdan, nos recuerda que los **beneficios** de la curiosidad son tanto **individuales** como **sociales**. A nivel individual, el interés por descubrir, aprender y sorprenderse en las personas curiosas contribuye a su crecimiento personal, y me atrevo a decir que, por lo tanto, a su felicidad. Quizás porque contribuye **dar sentido** a la vida.

Por otro lado, a nivel social, la curiosidad lleva a interesarse por otras personas, por lo que hacen, dicen o piensan, y esta inquietud por descubrir a otros contribuye a mejorar las **interacciones personales** y, en consecuencia, las sociales. Dicho de otra forma, una sociedad de individuos curiosos es una sociedad más abierta y probablemente socialmente más equilibrada. Creo que la historia parece mostrar que cuando las sociedades se cierran (por ejemplo, cuando cae el comercio exterior entre los países), las probabilidades de que aparezcan conflictos crecen.

Si nos centramos en el impacto de la curiosidad a nivel individual, podríamos destacar:

Impacto en la cognición: diferentes estudios muestran cómo la curiosidad facilita un aprendizaje de mayor calidad. Dicho de una forma más precisa, en el estado de curiosidad, el cerebro libera neurotransmisores, como la dopamina, que incrementan nuestra capacidad de aprender. Es decir, la curiosidad permite un aprendizaje más profundo (en términos de un interés en el tema que mejora la memorización de lo aprendido).

Impacto en el desempeño: cuando estamos trabajando en algo en lo que nos focalizamos, la curiosidad estimula la implicación, la voluntad de entender y resolver un problema, y el interés por explorar nuevas formas de actuar para resolverlo, todo lo cual parece llevar a una mejora en la calidad del trabajo realizado.

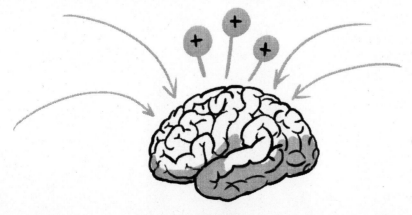

Reducción de la ansiedad y el estrés: más adelante veremos que a través de nuestra curiosidad y creatividad nos preparamos para poder prevenir la ansiedad y el estrés futuro (es decir, construimos **resiliencia**). Mas aún, en diversos estudios se ha demostrado que, ante una situación de estrés, la curiosidad puede ayudar a reducirlo. En particular, la curiosidad puede ayudar a evitar el aburrimiento, el tedio y, lo que es más relevante, el síndrome de *burnout* (profesional quemado) que amenaza con convertirse en una epidemia.

Aumento de la sensación de felicidad: cuando la curiosidad te absorbe, tu ánimo es más positivo, mientras esa misma curiosidad no te bloquee. Tener curiosidad por algo y sumergirse en su descubrimiento nos lleva al estado de **flujo** que tan bien describió el psicólogo Mihaly Csikszentmihalyi, el creador de la psicología de la **experiencia** *óptima*.

Impacto en la salud mental: la focalización de la mente en un estado de curiosidad libera dopaminas que calman la mente (reducen la ansiedad), lo que convierte a la curiosidad en, aunque dicho de una forma muy imprecisa, un antidepresivo natural. La curiosidad retrasa el envejecimiento

mental, como lo recuerda aquella frase de José Saramago de que «la vejez empieza cuando se pierde la curiosidad».

Impacto en la salud general: hay estudios que demuestran que las personas con interés y curiosidad como, por ejemplo, las que escriben diariamente sus experiencias vitales, tienen un sistema inmune más fuerte.

En resumen, que si la curiosidad nos lleva a interesarnos por algo, y esa búsqueda nos hace sentir bien (literalmente, a través de la liberación de dopaminas), entonces la curiosidad es buena para nuestra salud, física, mental y social. Pero nos mucho queda por aprender y mucha ciencia por desarrollar alrededor de la curiosidad humana.

014
• • •

Cómo medir
tu nivel
de curiosidad

¿Cómo podemos medir cuán curiosos somos? O, más exactamente, ¿cuán curiosos somos respecto a la media, respecto a los demás? Bueno, no tenemos, que sepamos, una herramienta que nos permita compararnos con el promedio de la humanidad en general. De hecho, puede que tal cosa seguramente no tenga sentido, porque las circunstancias en cada lugar son muy diferentes, y seguramente esta diversidad social y de contexto tendría un impacto claro en la medida del grado de curiosidad de las personas.

Pero existe una herramienta que permite comparar nuestra curiosidad con la de un ciudadano norteamericano promedio, algo que en el contexto de los países desarrollados quizás pueda ser de utilidad al ciudadano medio. Ha sido desarrollada por un equipo de psicólogos liderado por Todd B. Kashdan, fundador del WellBeing Lab, de la George Mason University.

Este modelo se ha construido a partir de la investigación sobre curiosidad realizada hasta el momento, como la de la pionera Daniel Berlyne en 1950, la de George Loewenstein en 1994, la de Britta Renner en 2006 o el trabajo de más de cinco décadas (1960-2000) de Marvin Zuckerman.

El modelo mide tu curiosidad a lo largo de **cinco dimensiones**:

La primera dimensión es la denominada **sensibilidad a la privación**: se trata de que eres consciente de que no sabes algo y quieres resolverlo; sentirte privado de la respuesta no te gusta, y quieres llenar ese vacío de conocimiento para aliviarte.

La segunda dimensión es la **exploración gozosa**: es el placer que te genera asombrarte por cosas nuevas, por las fascinantes características del mundo. Sería el placer de descubrir por el mero hecho de hacerlo.

La tercera dimensión es la **curiosidad social**: el interés por los demás, por lo que hacen, por lo que piensan, nos lleva a hablar con ellos, a observarlos, con el objetivo de aprender y disfrutar con ello.

La cuarta dimensión es la **tolerancia al estrés**: la capacidad de manejar la ansiedad que te genera no saber sobre algo; la curiosidad te desvela algo que desconoces, y hay quien se ve inundado por el estrés de no entenderlo, de no disponer de una respuesta. Este tipo de curiosidad la tienen las personas que tienen paciencia para recorrer el camino que las llevará a resolver sus inquietudes sobre el tema al que se enfrentan.

La quinta dimensión es la **búsqueda de emociones**: es el curioso que está dispuesto a asumir riesgos para experimentar la novedad; enfrentarse a lo nuevo no es para él un problema y asume el coste de hacerlo. Arriesgarse

para responder a su curiosidad le da vida.

Uno puede ser más curioso en una de las dimensiones, en varias o en todas. Pero, en cualquier caso, la fuente de tu motor de curiosidad es diferente en cada caso.

Lo relevante es que si sabes qué mueve tu curiosidad, puedes ir a buscar situaciones que la estimulen. Por ejemplo, si mi curiosidad es básicamente social, tengo que ir a buscar relaciones con nuevas personas. Si lo que busco son emociones, tengo que imponerme retos que me exijan riesgo. Y si lo que busco es disfrutar, tengo que acudir a las fuentes de información sobre lo curioso que es el mundo.

015

La curiosidad y el *voorpret*

Cada lengua tiene palabras que son únicas y que resultan muy difíciles de traducir a otro idioma. Pongamos algunos ejemplos: en portugués existe la palabra *cafuné*, que significa 'el acto de acariciar el cabello de alguien con la intención de adormecerlo'; en indonesio, *jayus* se refiere a 'un chiste tan mal explicado y que hace tan poca gracia, tan malo, que no tienes más remedio que reírte'; en alemán, la palabra *Torschlusspanik* hace referencia 'al miedo a perder oportunidades conforme envejeces'; en español, *duende* se refiere al 'misterioso poder de una obra de arte para conmover profundamente a una persona, y el término catalán *seny* va más allá de lo que en castellano se entiende por cordura.

Pues bien, en holandés existe una palabra que me parece especialmente interesante: *voorpret*. La traducción que se da a este término es 'anticipación', pero parece que su significado es más profundo: 'la alegría y el placer que prevés que tendrás en un acontecimiento'. La idea es que las **expectativas** por algo que va a suceder generan en nuestro cerebro buenas sensaciones, incluso mejores que cuando se experimenta el hecho o cuando se recuerda algo que ya ocurrió. A nuestro cerebro le gusta que le prometamos algo que puede ser «recompensante», como un encuentro con personas a las que queremos, un viaje que hace tiempo que deseamos o una lectura que finalmente podremos hacer.

¿No has tenido esta sensación cuando planificas un viaje, cuando hace tiempo que deseas ir a un sitio por su singularidad, por la conexión que experimentas con él, y la sensación de que por fin podrás cumplir tu sueño alimenta tu bienestar? Yo he tenido esa sensación diversas veces.

Por ejemplo, cuando esperé meses hasta poder ir a las islas Feroe, ancladas en medio del Atlántico Norte, un viaje lleno de promesas de situaciones emocionalmente intensas que acabaron cumpliéndose. La suma de las expectativas, la curiosidad por vivir la experiencia, con la confirmación vivida, tuvieron como resultado que aquel es, probablemente, el viaje que más intensamente recuerdo de mi vida.

En otra ocasión, la expectativa por poder viajar en el tiempo, retrocediendo al mundo del tren de vapor que aún existe en la región del Harz (Alemania), la preparación del viaje, la sensación de poder cumplir un sueño que me parecía prácticamente imposible, se convirtió en una importante fuente de energía en las semanas previas al viaje.

Esta expectativa, esta **anticipación** de una alegría, un placer, que intuimos que puede ocurrir se me aparece como algo muy importante en términos de la curiosidad. En la curiosidad hay una especie de **objetivo**: tenemos curiosidad por algo, y la recompensa deriva de tener algún tipo de respuesta al final. El cerebro anticipa que habrá un «premio», una respuesta, y esta promesa estimula la producción de dopaminas que nos dan el placer que surge de la curiosidad. La curiosidad es, en este sentido, algo hacia delante, es futuro, es esperanza.

Por tanto, más que intentar resolver tu curiosidad inmediatamente, puede que sea más placentero dosificarte la búsqueda de las respuestas. Tener en la vida un guion de cosas por las que tienes curiosidad, una especie de conjunto de ventanas abiertas por las que te interesa mirar, acaba dando un sentido de propósito a tu vida. Tener preguntas sin responder, pero que intentas poder responder algún día, te da una dosis de *voorpret*, de expectativa saludable, que te aporta una energía muy útil.

No tener expectativas por nada, no tener interés por nada, tener tu curiosidad aparentemente saciada, es impedirte la promesa «recompensante» de que tienes mucho por descubrir. Por lo tanto, busca qué incita tu curiosidad y prométete que irás respondiéndola. Esta expectativa, este *voorpret*, te dará alegría

016

...

La curiosidad y nuestro día a día

Uno podría pensar que su día a día es tan exigente, limitante y lleno de rutinas que no le queda tiempo para la curiosidad. Visto de esta forma, la curiosidad sería un lujo.

La verdad es que algo de ello es cierto. Algunas de las grandes figuras de la historia de la ciencia, anteriores a la aparición de la «ciencia profesional», de las grandes universidades y centros de investigación, se podían permitir ser curiosos porque disponían de una fortuna personal o de un patrono.

Condiciones para que la curiosidad "emerja"

Es el caso, por ejemplo, de Robert Boyle, un personaje muy relevante en la revolución científica del siglo XVII nacido en una de las familias más ricas del momento en Inglaterra. Newton no era tan rico, pero su situación era desahogada y pudo construir una fortuna durante su vida (principalmente, dirigiendo la emisión de moneda en el país).

En otros casos disponían de un patrono, lo que hoy llamaríamos un patrocinador. Los monarcas y grandes aristócratas, en todas las culturas, tenían a sus «mentes curiosas» a sueldo. Kepler, Galileo y muchos otros hicieron su trabajo bajo la protección y el dinero de un mecenas.

Pero ¿y hoy?, ¿puede un simple mortal permitirse ser curioso? ¿No es acaso nuestro día a día un eliminador de nuestras aspiraciones en cuanto a curiosidad? Respecto a ello hay varias consideraciones a remarcar.

Primero, ya hemos visto que la curiosidad es buena para la salud, pues estimula nuestra mente, la despierta, y el resultado es evidente en la mejora de la calidad de nuestro sistema cognitivo. Pero hay muchos más beneficios, para nuestra vida individual y social. Por tanto, hay que buscar cómo poder ser curiosos en nuestra vida diaria, hay que tener aficiones, hay que tener aspiraciones de aprendizaje o de experiencia, hay que estar interesado en conocer nuevas cosas. La conclusión es que hay que buscar momentos en los que nos sumerjamos en la satisfacción de nuestra curiosidad, porque esa curiosidad resulta buena para la vida profesional y social. Por lo tanto, tener curiosidad no es una aspiración, sino una **necesidad** para lograr una vida saludable personal y colectiva.

La curiosidad y la creatividad, que están muy relacionadas, no pueden forzarse, pero sí se pueden **crear las condiciones** para que emerjan. Esto es, se puede ofrecer al cerebro la situación más adecuada para que pueda emerger de él algo nuevo. Dar un paseo, salir a correr, dar una vuelta en bicicleta (que es mi caso), escuchar música... Hay quien dice que las tareas **más rutinarias** son las mejores, como doblar la ropa o, como algo que personalmente no entiendo, plancharla.

Cuando estás sumergido en la rutina del día a día hay que darse momentos de «**desrutinización**». Por ejemplo, siempre he pensado lo bueno que son esos espacios digitales que abren ventanas nuevas hacia cosas que normalmente no verías.

Estar en una situación limitadora no es necesariamente malo. Una constricción o una dificultad pueden ser la causa de una respuesta inusualmente creativa. Lo explican muy bien Adam Morgan y Mark Barden en su libro *A beautiful constraint*. Una dificultad puede acabar siendo una bendición, sobre todo si sabes leerla y aprovecharla para tu beneficio. Para lo cual, claro está, tienes que tener una mente algo curiosa, que vea más allá y no se deje vencer a la primera por esa constricción.

Finalmente, si algo creemos que no conviene hacer es llegar a conclusiones y tomar decisiones en una situación de estrés, porque diversas investigaciones demuestran que en tales situaciones tendemos a basarnos en evidencias muy frágiles para llegar a la peor conclusión posible. Es decir, cuando estamos mal, la peor explicación es la que nos parece más evidente.

Por tanto, en el día a día y en el estrés que ello nos puede provocar, veamos cosas nuevas, **exploremos**, pero no saltemos rápidamente a conclusiones que pueden ser erróneas. Démonos un tiempo para digerir nuestra curiosidad.

Puedo ser curioso en el ↗ día a día

017

•••

La belleza de las restricciones

¿Por qué se movía de esa forma tan curiosa Mick Jagger en los conciertos de los *Rolling Stones*? No hay que ser muy experto en la música de los *Rolling* para saber que sus movimientos altamente eléctricos y energizantes eran una de las notas más definitorias del grupo. Su legendario movimiento, ese *chicken dance* tan peculiar, cambió completamente lo que significaba un espectáculo musical.

Pues bien, hay quien dice que ese movimiento tan diferencial emergió en realidad de una **restricción**. Al parecer, los escenarios en los que empezaron a tocar los *Stones* eran tan minúsculos que no les permitían casi moverse, por lo que Jagger tuvo que inventar una forma contundente de moverse en poco más de un metro cuadrado. Y de ahí a la historia.

Encontramos muchos ejemplos parecidos de **pasivos**, de dificultades, que se convierten en oportunidades, en **activos**, si se manejan adecuadamente. Se trata de aplicar la curiosidad para transformar una dificultad en una diferencia positiva.

Lo vemos en modelos como Chantelle Winnie, que hizo de la singularidad de su piel un atractivo diferencial.

PASIVOS

ACTIVOS

Modelo portavoz de la enfermedad de la piel llamada vitíligo, combinó sus capacidades personales con la singularidad de su piel para **distinguirse** en un universo repleto de otras profesionales. Una historia de desarrollo personal muy inspiradora que pasa por una infancia afectada de *bullying* en la escuela que la llevó seguramente a crisis personales especialmente duras.

Una vez convencida del activo de su personalidad realzada por su diferencia, ha tenido una interesante carrera como modelo, en la que trabajó, por ejemplo, para la empresa de ropa española Desigual, convirtiéndose en representante oficial de la marca durante un tiempo.

Un ejemplo parecido lo encontramos en la modelo Viktoria Modesta, que ha construido sobre su simbiosis con la prótesis de su pierna una personalidad diferencial en el mundo de la danza, y hoy en la música.

En su libro *A beautiful constraint*, Adam Morgan y Mark Barden muestran muchos otros ejemplos de dificultades convertidas en oportunidades. Es más, dicen que tener una **dificultad** es uno de los mejores **estímulos** para construir una diferencia positiva. A partir de estos trabajos, nos atrevemos a decir que experimentar una dificultad nos exige movilizar nuestra curiosidad para buscar formas de sacar partido de ella.

Podemos verlo, por ejemplo, en las verduras «feas», que justamente apalancan su singularidad en la fealdad. Es en su imperfección en donde reside su gracia. Y ponerlas en una cena con tus amigos puede generar conversaciones divertidas que de ninguna forma podrían generar frutas y verduras «normales». La **imperfección** se convierte así, curiosamente, en una especie de motor de empatía humana.

Morgan y Barden nos dicen que todo empieza por dejar de amargarse con el «no puedo porque...» para empezar a focalizar tu energía en el «podría si...». Se trata, por tanto, de imaginar

No tenemos dinero, por tanto tenemos que PENSAR

((DIFICULTAD))

✖

((CURIOSIDAD))

=

OPORTUNIDAD

qué debería movilizarse para superar la dificultad e incluso sacar partido de ella. Ello nos lo recordaba el mismísimo Stephen Hawking cuando decía que su discapacidad había sido, en cierta manera, una ayuda.

O cuando se recuerda que la dislexia está muy presente entre los emprendedores, convirtiéndose esa forma diferencial de pensar de los disléxicos en un activo especial a la hora de emprender.

O los muchos ejemplos de **innovación frugal** en el mundo, en especial en países sin muchos recursos, en los que hay que hacer uso de la imaginación para encontrar soluciones que en otros lugares quizás existan, pero con un coste inabordable, algo de lo que hablaremos más en detalle en otro capítulo.

Se trata, en definitiva, de apalancar nuestra curiosidad e imaginación para superar nuestros posibles pasivos. Dicen que el físico Ernest Rutherford lo sintetizó muy bien en una sola frase: «No tenemos dinero, y por tanto tenemos que pensar».

018

• • •

"Gedanken experiment

Es fascinante ver que grandes desarrollos de la ciencia han surgido de la curiosidad estructurada en forma de un «experimento imaginado». Es lo que en alemán se denominó un *Gedankenexperiment*, y que fue traducido al inglés como *thought experiment* ('experimento pensado').

Se trata, básicamente, de imaginar una situación, posiblemente difícil o imposible de replicar en la realidad, y pensar sobre qué ocurriría en tal situación. Quizás uno de los *Gedankenexperiment* más famoso es el del joven Einstein imaginándose cabalgando sobre un rayo de luz y preguntándose cómo vería otro rayo moviéndose paralelamente al suyo. Un reto para el pensamiento y la reflexión que, combinado con algunas herramientas matemáticas no extraordinariamente complejas, le llevó a su teoría de la **relatividad especial**.

Son, pues, experimentos construidos en la mente, del tipo «qué pasaría si...», que obligan a pensar en múltiples posibles explicaciones que pueden ir decantándose hasta destilar algunas

explicaciones más plausibles, es decir, más razonables o probables. Un *Gedankenexperiment* es, por lo tanto, un razonamiento especulativo, una conjetura, un «y si...». Algo que resulta claramente de un brote de curiosidad.

Otro *Gedankenexperiment* famoso es el del Diablo de Maxwell. Fue propuesto por el brillante físico James Clerk Maxwell, el unificador del electromagnetismo, en 1867. El experimento empieza imaginando dos

EXPERIMENTO MENTAL

cámaras rellenas del mismo gas. Maxwell proponía entonces imaginar que un pequeño ser (un duende o demonio) controlaba una puerta entre las dos cámaras. Cuando las moléculas del gas se acercaban a la puerta, el duende abría o cerraba la puerta de manera que solo las más rápidas pasaran a una de las cámaras, con un esfuerzo mínimo, sin realizar trabajo aparentemente.

De esta manera, en una de las cámaras se irían acumulando las moléculas rápidas y, en consecuencia, aumentaría su temperatura. El resultado sería, por tanto, que habríamos generado orden (el gas frío en un lado y el caliente en el otro) de una situación de partida más desordenada (el gas repartido por igual en las dos cámaras). Esta ordenación, sin que se haya exigido trabajo para hacerla, violaba la segunda ley de la termodinámica (la entropía de sistemas aislados no puede decrecer, o, lo que es más simple, una bola tirada al suelo va botando hasta pararse, pero nunca hemos visto que una bola parada empiece a botar espontáneamente botando cada vez más alto).

Bueno, no estamos aquí para resolver una aparente contradicción de la física, sino que lo que queremos es remarcar que un experimento imposible de realizar para Maxwell se convirtió en un estímulo para que muchas mentes elucubraran hasta encontrar una solución (que no llegó, por cierto, hasta que Landauer dio una explicación termodinámicamente coherente en 1961).

☑ **Experimento mental**

☑ **Que pasaría si**

☑ **Conjetura**

Hay muchos otros *Gedankenexperiment* famosos, como el del Gato de Schrödinger o el clásico de la liebre (o Aquiles) y la tortuga. Y también los hay en filosofía, como el denominado La habitación de Mary, que te animo a explorar. Como te animo también a ver el *Gedanken* de la Ganadería humana: ¿qué ocurriría si unos extraterrestres nos invadieran y nos usaran para alimentarse, criándonos simplemente como nosotros explotamos despiadadamente a los animales como ganado? O el de la Píldora del amor, que hace que quien la toma se enamore perdidamente de quien se la da: ¿la usarías o rechazarías la oportunidad de usarla porque querrías que el amor del otro fuera verdadero?

Pues estos no son más que algunos casos de los muchos que deberemos pensar como *Gedankenexperiment* en un mundo de realidades alternativas, virtuales y aumentadas, resultado de la superposición de la inteligencia artificial con la humana. Un mundo al que parece que vamos sin posible remisión y en el que tenemos que empezar a pensar, desde el experimento imaginado.

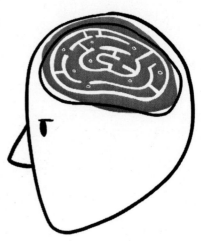

019

Descubrimientos
inesperados

Muchos medicamentos con los que hoy se obtienen muy buenos resultados no fueron pensados para lo que finalmente se usan. Así, por ejemplo, la Viagra, uno de los fármacos de más éxito comercial de la historia, fue inicialmente pensado para el tratamiento de la angina de pecho. En los ensayos clínicos, sin embargo, parece que la eficacia frente a la angina no era nada evidente, mientras que los participantes masculinos en el ensayo sí experimentaron un incremento en la frecuencia y potencia de sus erecciones. Y de ahí ya sabemos lo que siguió.

Otros ejemplos los encontramos en el tratamiento de la depresión. Desde el descubrimiento casual de la iproniazida, que inicialmente se aplicó para la tuberculosis en la década de 1950, o los tricíclicos en la de 1960, hasta el más reciente descubrimiento de la utilidad de la ketamina, hasta entonces usada como anestésico, y que se ha empezado a experimentar, en dosis muy bajas, como antidepresivo.

Se trata aquí de lo que podríamos denominar una **dualidad** en la curiosidad: hay una primera curiosidad que lleva al descubrimiento de algo y una segunda que consiste en explorar nuevos caminos de uso que se abren de forma inesperada. Un descubrimiento accidental, resultado de la **serendipia**, puede no llevar a nada hasta que alguien no aplica su curiosidad a descubrir potenciales **nuevos usos**. En otras palabras, mucha energía potencial en innovación no lleva a nada si esa potencialidad no se traduce en resultados gracias al enfoque de la curiosidad por nuevos usos.

Así, por ejemplo, el químico ruso Constantin Fahlberg puede que descubriera en 1878 la sacarina por casualidad (serendipia), pero fueron otros los que la aplicaron a la alimentación. Lo mismo ocurrió con la penicilina, quizás el ejemplo más sobreutilizado sobre lo que es un descubrimiento accidental. Es cierto que Fleming descubrió por casualidad, en 1928, que un cultivo de la bacteria

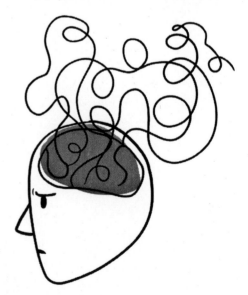

IPRONIAZIDA

TRICICLICOS

Staphylococcus aureus que había dejado en su laboratorio no había crecido porque se lo había impedido un moho, el *Penicillium notatum*. Pero fue la curiosidad aplicada de los científicos Ernst Boris Chain y Howard Walter Florey la que permitió idear y desarrollar un método para producir el fármaco en masa. Un ejemplo de «multiplicación» de curiosidades que les valió a los tres el Premio Nobel de 1945.

En otros muchos campos del conocimiento el efecto del descubrimiento accidental es igualmente notable, y hay quien no tiene que esperar a que otro haga el desarrollo a partir de su descubrimiento. Así, por ejemplo, en 1945 Percy Spencer, un ingeniero de Raytheon, descubrió que las microondas emitidas por un magnetrón (un dispositivo utilizado en los radares) estaba fundiendo una barra de chocolate que llevaba en su pantalón. Dicen que se dio cuenta inmediatamente de su potencial uso para cocinar, y ese mismo año patentó «una caja metálica» para cocinar a partir de la aplicación de microondas.

Algo parecido podríamos decir del teflón (ese material antiadherente), del Super glue (el cianocrilato que lo pega todo y rápidamente) y del velcro (ese textil que sirve insólitamente de cierre), este último un ejemplo de que descubrir no es triunfar. El «inventor» del velcro, George de Mestral, experimentó durante años con multitud de textiles hasta que apareció el nailon, un invento que, multiplicado por su idea del cierre textil, y del interés de la NASA por su invento, permitió que el producto se popularizara. Por tanto, vemos aquí la confluencia de curiosidad, invención y necesidad en el origen del éxito de un producto.

Quizás esta frase de Goethe lo sintetiza a la perfección: «el descubrimiento necesita suerte, invención e intelecto; y ninguno de ellos puede triunfar sin los otros».

"El descubrimiento necesita suerte, invención e intelecto; y ninguno de ellos puede triunfar sin los otros".

020

Tinkering o pensar con las manos

¿Cuándo aprendemos más y mejor? Hace unos años tuve la ocasión de visitar una escuela diferente, la Brightworks en San Francisco. Una escuela construida sobre la idea de que se aprende haciendo, con tus propias manos. Lo primero que sorprende al visitante es ver una pared repleta de herramientas convencionales, no las «infantilizadas» que acostumbramos a ver en las aulas, y a los alumnos totalmente familiarizados con ellas, lo que demostraba que no eran un mero atrezo.

Su fundador, Gever Tulley, no es un educador convencional. De hecho, hay quien piensa que su aproximación a la educación a través de herramientas «de mayores» y de experimentos «peligrosos» es eso, una forma peligrosa de educar. Su libro «fundacional» tiene este atrevido título, *50 cosas peligrosas que deberías dejar hacer a tus hijos*.

Sea como sea, me fascinó al explicarme que una de las primeras cosas que debían hacer los niños y niñas cuando entraban en la escuela era fabricarse su propia silla. Sí, la palabra exacta fue *fabricarse*, porque la tenían que construir a partir de los materiales y herramientas de la escuela, con algo de ayuda, claro está. Me pareció que esta aproximación pragmática a la realidad, en especial en un mundo excesivamente digital, apalancaba esas habilidades manuales diferenciales de los humanos. La **conexión mano-cerebro** que nos distingue como especie.

Gever Tulley está detrás de otras iniciativas, como la Tinkering School, un lugar donde el objetivo principal es el aprendizaje desde la conversión de ideas y objetivos en cosas, prototipos de objetos y máquinas tangibles. Se trata, en mi opinión, de convertir la curiosidad en realidad a través de la imaginación y el trabajo manual.

Su filosofía queda muy bien explicada en las siguientes palabras: «Creemos que los niños y niñas son más capaces de lo que creen, y para demostrarlo les damos herramientas reales para resolver problemas reales. Al aprender haciendo, nos esforzamos por cometer errores y aprender de ellos, colaboramos y hacemos amigos, y nos esforzamos más de lo habitual».

☑ **Más capaces**
☑ **Herramientas**
☑ **Problemas reales**
☑ **Aprender haciendo**

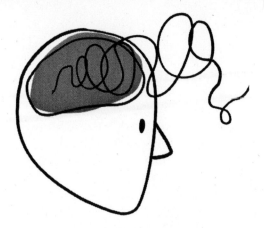

parece especialmente atractivo recuperar las habilidades de esos manitas (*tinkerers*) que lo reparaban todo, que recorrían los pueblos para dar nueva vida a cacharros y trastos estropeados. Creo que será una habilidad fundamental a estimular en una nueva educación que dé oportunidades a los humanos en un mundo de máquinas inteligentes.

Según mi opinión, no se trata de hacer por hacer, de seguir al pie de la letra una guía para construir algo, *à la Lego*, sin ponerte a pensar, sino de **pensar con las manos**. Combinar curiosidad y dexteridad para traer algo a la realidad. Todo un arte, como bien se sintetiza en la experiencia del Exploratorium de San Francisco: «Una celebración sin precedentes de lo que significa jugar: desarmar cosas, explorar herramientas y materiales, y construir arte maravilloso y salvaje que es en parte ciencia y en parte tecnología».

En un mundo crecientemente digital, en el que como usuario no entiendes en absoluto cómo funcionan las máquinas que estás usando, me

Porque ¿qué mejor manera de entender un engranaje que construirlo? ¿O de entender cómo funciona un transistor o un solenoide que construyendo algo que los contenga? Algo extraordinariamente facilitado por miles de tutoriales disponibles en la red, unos materiales que hacen más fácil que nunca el *tinkering*.

Sirva este capítulo como un pequeño homenaje al arte de pensar con las manos, el *tinkering*, y con ello también un homenaje a las herramientas.

021

· · ·

Innovación
frugal

Para resolver un problema o para innovar, ¿es preciso disponer de muchos recursos? O, si no dispones de ellos, ¿puede la exploración curiosa de los materiales a tu alcance brindarte una solución suficientemente viable y útil? En otras palabras, ¿puede la curiosidad aplicada ser una fuente de innovación en un entorno de limitaciones?

Algunos ejemplos en el mundo parecen ilustrar que, en efecto, se pueden dar soluciones imaginativas a problemas disponiendo de pocos recursos. Quizás uno de los más claros es el que se ha denominado **el litro de luz** *(a litre of light)*, que consiste en iluminar el interior de una barraca o choza gracias a la luz que atraviesa una botella de plástico, rellenada de agua y un poco de lejía, colocada en un agujero perforado en el tejado

¡LIMITACIONES!

¡CURIOSIDADES!

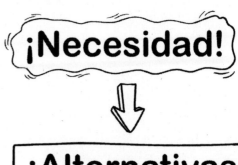

¡Necesidad!

¡Alternativas baratas!

corrugado. La refracción del sol a través de esa especie de lupa de agua produce en el interior del espacio, en las horas solares, un nivel de iluminación parecido al que produciría una bombilla incandescente de 50 vatios, y ello sin consumir nada de electricidad.

Ese litro de luz fue un invento del brasileño Alfredo Moser, un mecánico que lo ideó cansado de los constantes cortes de electricidad en la zona en la que vivía. La lámpara se conoce también por los nombres de lámpara Moser o bombilla de luz solar *(solar light bulb)*, y detrás de ella hay todo un movimiento. La idea original ha experimentado mejoras gracias a la intervención de ingenieros, como la de un equipo del MIT (Instituto Tecnológico de Massachusetts), y al patrocinio de algunas grandes empresas. Hoy la idea se está aplicando con éxito en países como Filipinas, la India o Tanzania.

En el origen de esta solución imaginativa, realizada con pocos recursos, hay una razón poderosa: la necesidad de encontrar una alternativa funcional a lo «normal» y, además, hacerlo con pocos recursos.

Quizás el lugar del mundo donde encontramos más soluciones creativas de bajo coste sea la India. Su práctica tiene allí un término bien establecido, *jugaad*. No es este un término con una traducción directa, pero podemos entenderlo como 'innovación útil construida sobre las restricciones existentes'. Es decir, el desarrollo de soluciones funcionales utilizando lo que tengas a mano; una especie de apaño original en un contexto de escasez de soluciones formales. Se trata, por ejemplo, de desarrollar una prótesis de pierna con materiales accesibles y baratos (como la denominada *jaipur foot*). La India parece ser el paraíso de la *jugaad*,

impulsada quizás por el hecho de que el 83 % de su población vive con menos de cinco euros al día.

Esta *jugaad* se construye, pues, sobre esa **belleza de las restricciones** de la que hemos hablado en otro capítulo.

Hay múltiples ejemplos de *jugaad*, algunos tan sencillos como una regadora a partir de, de nuevo, una botella de agua; un ingenioso sistema para refrigerar los refrescos con un ventilador o un asiento improvisado para el automóvil. Y también más complejos, como un segundo piso para un taxi o una motocicleta que se convierte en impulsor de una bomba hidráulica para el campo.

En una línea paralela a esta innovación desde la improvisación, encontramos la **innovación frugal**, entendida como el proceso de reducir de forma deliberada la complejidad y, por tanto, el coste de un bien y del propio proceso de producción para fabricarlo. Se trata de un proceso más estructurado que el que lleva a cabo, desde la pura necesidad, alguien que construye una solución *à la jugaad*.

Al parecer la innovación frugal nació de la necesidad experimentada por algunas multinacionales de ofrecer a los consumidores de países en desarrollo versiones más asequibles de productos ya existentes en países desarrollados, aunque estos con formatos más complejos y quizás innecesariamente sofisticados y caros.

La idea era **servir a los subservidos**, esto es, reformatear los productos para poder servir a lo que se denomina la base de la pirámide (los miles de millones de personas de los países en desarrollo con una capacidad limitada de consumo). Mercados enormes que generan resultados a partir de grandes volúmenes con pequeños márgenes.

Pero algo más tarde surgió todo un movimiento de **innovación indígena**, podríamos decir, que busca dar soluciones funcionales que sean más económicamente sostenibles y socialmente efectivas. Con frecuencia se cita el caso de la incubadora Toyota, construida con piezas de vehículos Toyota, lo que garantiza el acceso a piezas de recambio en mercados de los que los proveedores de las incubadoras convencionales no han ni siquiera oído hablar. Piezas de Toyota (de motos y automóviles) las encuentras en cualquier lugar del mundo, y el resultado de integrarlas en esta incubadora acaba representando un coste del 5 % de lo que costaría una incubadora «normal».

También podemos citar el Nano, el microvehículo de Tata con un precio de unos 2.000 dólares, y otros muchísimos ejemplos, como neveras de bajo coste u operaciones quirúrgicas realizadas en masa.

Hay quien piensa que la innovación frugal tiene un gran futuro también en los países desarrollados, en los que puede que los consumidores busquen más simplicidad y sostenibilidad, con un espíritu de búsqueda de la esencia y el sentido de las cosas.

Y, además, una innovación frugal, más ágil que la convencional, para resolver más rápidamente los problemas y necesidades de las personas.

FRUGAL
ÁGIL
RÁPIDO

022

**Desarrollar
la curiosidad**

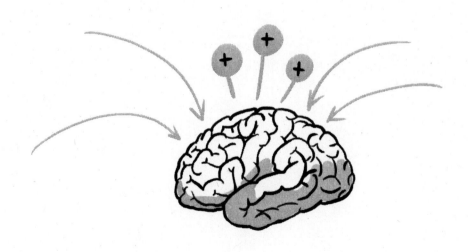

Si has llegado hasta aquí, seguramente estarás de acuerdo en que la curiosidad es relevante. Y si lo hemos hecho bien, tu curiosidad sobre la curiosidad habrá aumentado, posiblemente porque ya eras curioso de partida. Pero ¿es posible estimular una actitud curiosa? Es decir, ¿es posible hacer que alguien que no es muy curioso lo sea más? Esta no es una pregunta irrelevante, en especial si tenemos en cuenta que, como hemos comentado anteriormente, en un mundo de máquinas inteligentes la oportunidad de los humanos consiste en aprovechar sus capacidades innatas, difíciles de replicar en una máquina. Y la curiosidad es una de ellas.

Los consejos que se dan habitualmente para mejorar la curiosidad son muchos, y la mayoría están orientados a **hacer buenas preguntas**, a explorar nuevos espacios e ideas de forma sistemática, y a forzarse a interesarse por cosas que no están en nuestro horizonte de confort. El objetivo es **empoderar tu curiosidad** para estar más activo, tener más motivos para levantarse cada día y, en definitiva, ser más feliz.

Si tuviera que escoger las mejores **recomendaciones** para alimentar la curiosidad, diría que son:

Aprender algo nuevo cada día, por ejemplo, una nueva palabra en otro idioma o una nueva forma de ir al trabajo o de volver a casa. Se trata de experimentar lo que el psicólogo Todd Kashdan llama *el placer de la sorpresa*. De hecho, existe una aplicación de Google que te sugiere una palabra nueva cada día.

Hacerse preguntas raras como, por ejemplo, ¿qué pasaría si no hubiera autobuses en mi ciudad o si cada persona tuviera un pájaro como mascota? Ya hemos visto que aprender a hacer preguntas bonitas o preguntas catalíticas está muy vinculado a la calidad de tu curiosidad.

Contactar con nuevas personas, por ejemplo, a través de una red profesional como LinkedIn. Pero no solo establecer contacto, sino retarles, por ejemplo, a que te digan lo

más interesante que han hecho en la última semana. Así no solo consigues abrir tu curiosidad, sino también contagiar a otros sobre el interés de descubrir lo nuevo y relevante en tu vida.

Salir de la rutina forzándose a dar un paseo, porque está demostrado científicamente que caminar es bueno para la salud física y la mental. Algunas grandes mentes de la historia desarrollaron sus mejores ideas paseando con otras mentes, quizás sin un objetivo concreto. En inglés esta actitud se describe con el par *wander and wonder* ('pasear y preguntarse').

Forzarse a hacer cosas que nunca harías, obligándote a salir de tu zona de confort. De hecho, esto es más necesario cuanto más se envejece, porque la edad nos lleva a preferir no arriesgar. Por ejemplo, ¿por qué no forzarse a aprender a volar cuando ya estás cerca de los 60 años? Bueno, yo lo he hecho... Y salir de casa cada día era una lucha conmigo mismo, pero

que valía la pena. Forzarse a aprender, a experimentar, algo nuevo es quizás uno de los mejores fertilizantes de la curiosidad.

Comprar una revista que nunca comprarías o mirar una película que nunca mirarías. O entrar en una web que nunca te imaginarías visitando o ver un vídeo de un grupo musical que ni siquiera sabes quiénes son.

Dedicar tiempo de calidad a desconectar de la tecnología. Un rato sin teléfono, sin ordenador. ¿Qué lees cuando te vas a la cama?

No es tan complicado. Abre tus ojos, descubre y disfruta del placer de lo nuevo. Como nos animaba Montaigne, conectemos la curiosidad con nuestra realidad diaria «sondeando el misterio de las cosas cotidianas».

Hacer PREGUNTAS

Explorar LO NUEVO

Salir del CONFORT

023

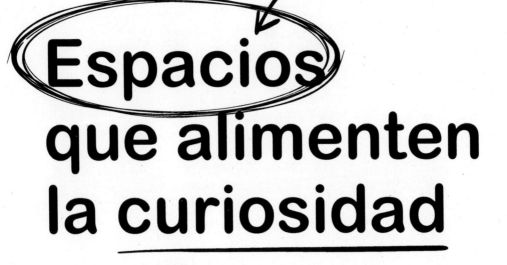

Espacios que alimenten la curiosidad

Es evidente que la curiosidad requiere de un quién (un humano, por ahora), un qué (el objeto de la exploración o la sorpresa), un cómo (desde el caos curioso del mero interés por algo que nos inquieta hasta la formalización del proceso investigador de la ciencia) e incluso de un cuándo (¿vamos a pasear un rato para ver si se nos ocurre algo?). Pero ¿es importante también el dónde para desarrollar nuestra curiosidad?

Uno tiene la impresión de que, en efecto, disponer de un sitio tranquilo y confortable para la mente puede ayudar. En otro capítulo veremos cómo las situaciones de estrés congelan nuestras posibilidades de ser curiosos. Por tanto, un espacio de seguridad mental que permita explorar seguro que ayuda. Pero también sabemos que un espacio excesivamente cómodo puede ser un «adormecedor» de la curiosidad. En este sentido, hay espacios diseñados exquisitamente por excelentes arquitectos que, en principio, están pensados para favorecer la generación y el intercambio de ideas, pero que acaban siendo fríos para la curiosidad.

Y en cambio, hay espacios de tremenda austeridad que son fábricas de curiosidad.

Un ejemplo histórico lo encontramos en el Edificio 20, en el MIT (Instituto Tecnológico de Massachusetts), un edificio de madera construido en 1943 para funcionar provisionalmente durante el esfuerzo bélico de la segunda guerra mundial y que funcionó de manera brillantemente intensa hasta su demolición en 1998. Parte de su atractivo era justamente su **provisionalidad**, y más concretamente el hecho de que sus paredes fueran totalmente movibles, de manera que el edificio era tan camaleónico como sus residentes requerían.

En alguna ocasión he tenido la oportunidad de vivir la magia de un lugar estimulante. Me ocurrió, por ejemplo, en una cabaña en los bosques de Finlandia, propiedad de la Aalto University, en cuya sauna urdimos relaciones de confianza que acabaron de tejerse en una rápida incursión, desnudos por medio del bosque, hasta sumergirnos en un lago bastante helado. Nada mejor para aumentar de forma drástica el nivel de adrenalina en el cuerpo.

Sin llegar a ese extremo, recuerdo también como Nadja Schnetzler me explicaba cómo había diseñado su espacio Brainstore cerca de Zúrich desde la máxima austeridad. Era un espacio donde hacía frío, para que los que allí trabajaban no se durmieran en la comodidad de los sillones.

Uno de mis espacios preferidos es el Centro de Ciencias Pedro Pascual, en

Benasque. Un espacio en los Pirineos pensado para que grupos de científicos, especialmente físicos, de todo el mundo se encuentren físicamente, nunca mejor dicho, para trabajar y acabar de pulir juntos sus trabajos realizados previamente desde la distancia.

Se trata de un espacio pensado especialmente para facilitar el trabajo creativo de los científicos. Un espacio que combina la introversión (estudiar) y la conversación con los colegas, y además delante de una pizarra de suelo a techo.

Puedo garantizar que este tipo de espacios, situados fuera de la rutina de las ciudades, en un lugar natural tan precioso, estimulan la curiosidad colaborativa y el enlace de las mentes para explorar nuevas ideas. Por ejemplo, esta es la rueda de amigos de un acto de nuestro proyecto *co-society* realizado allí; decenas de interacciones exploratorias

entre los asistentes al encuentro, dispuestos aquí en el círculo del modelo.

Diseñar espacios que estimulen la curiosidad es relevante. Y hay equipos de arquitectos que lo han entendido muy bien, e incluso expertos específicamente focalizados en este campo, como Kursty Groves, cuyos libros son altamente recomendables. Y hay muchos más.

Y también hay muchos nuevos modelos como, por ejemplo, invitar a amigos o colegas a tu casa para trabajar juntos y crear un entorno que conduzca a la combinación de ideas. Una casa *(home)* convertida en un nuevo tipo de oficina *(office)*, la *hoffice*, con «h».

024

...

¿Es la curiosidad un antídoto contra el estrés?

Si has leído hasta aquí, a estas alturas ya sabes que la curiosidad es buena para los humanos, pues mejora nuestra salud, general y mental, y nuestra sensación de bienestar. Pero más adelante veremos que la curiosidad, en su versión obsesiva, puede también ser mala. Y que hay mecanismos para alimentar nuestras capacidades y habilidades de ser curiosos en la buena dirección. Ahora descubriremos que la curiosidad también es buena como solución y como prevención del estrés.

La mayor complejidad del mundo ha derivado en un aumento considerable de la ansiedad y el estrés, en especial en los jóvenes adultos y en las personas mayores. En realidad esto no tendría que ser especialmente malo, puesto que el estrés en sí mismo no es ni bueno ni malo: hay un **estrés bueno**, que incita a moverse para encontrar una respuesta (hay quien dice que el estrés es un estímulo de cambio), y un **estrés malo**, que nos paraliza (cuando nuestra mente detecta una amenaza, determina si conviene luchar, huir o congelarse; la tríada que en inglés se nombra con tres «f»: *fight*, *flight* y *freeze*).

Estar en una situación de estrés no tiene por qué ser malo, a no ser que su dimensión supere nuestro nivel óptimo. Un nivel de estrés más allá de lo que estemos entrenados a manejar puede devenir insostenible y, en el peor de los escenarios, convertirse en **estrés crónico**. Un estrés elevado que no podemos manejar fácilmente limita nuestro potencial cognitivo, disminuye nuestra capacidad de atención y foco, y reduce nuestra capacidad de inspirarnos y ser creativos. Un estrés que dispara una sobreestimulación de la respuesta hormonal ante el estrés, resonando negativamente con él.

Por tanto, es importante aprender a **usar el estrés** como una herramienta que aumente el interés por explorar el mundo en busca de soluciones. Es decir, apalancar el estrés para alimentar la curiosidad. Hay ejemplos históricos de personajes que han realizado aportaciones impresionantes en medio de situaciones de estrés inconcebibles para la mayoría.

FIGHT

FLIGHT

FREEZE

Que el estrés sea bueno o malo en una situación depende, al parecer, de dos aspectos: primero, de cómo percibamos los recursos de los que disponemos para responder a la fuente del estrés, y segundo, de cuál sea la realidad de esos recursos.

Si percibimos que no tenemos con qué responder al problema, nuestra confianza decae y el estrés nos puede congelar. Pero lo que importa es cómo vemos la relación entre esa percepción y la realidad de los recursos disponibles. Y aquí es donde la curiosidad resulta relevante: si somos curiosos, podemos indagar, explorar, buscar capacidades que nuestra percepción inicial no ha detectado. Más aún, cuando los humanos tendemos en general a ver más lo malo que lo bueno, y debemos luchar explícitamente contra esa tendencia.

Esta curiosidad por buscar una solución ante un problema que nos estresa puede acabar estresándonos aún más. Y, como consecuencia de ello, podemos acabar tomando la peor decisión posible, como vimos en otro capítulo. Pero esta curiosidad también puede llevarnos a un estado de **seguridad psicológica**, dándonos cierta libertad para dejar el problema de lado durante un rato para permitir al cerebro buscar nuevas opciones.

Así, conviene dedicar un tiempo a buscar ese estado de **pensamiento difuso**, de dejar ir la mente, a través de actividades como la **respiración consciente**, el ejercicio físico, la **meditación** o actividades artísticas. En diversos estudios se ha demostrado, por ejemplo, que hacer una actividad artística, aunque no seas un artista, reduce el estrés (de hecho, esa

Curiosidad POSITIVA

Curiosidad NEGATIVA

En definitiva, diversos estudios muestran cómo, en una situación de estrés, la curiosidad puede reducirlo, y esa misma curiosidad puede ayudar a prevenir que aparezca de nuevo el estrés.

Entrenarse en la curiosidad será cada vez más importante en un mundo laboral en el que la ansiedad, y en especial el *burnout* (el síndrome del trabajador quemado) podría convertirse en una epidemia.

actividad reduce el nivel de cortisol en el cuerpo). Se trata, por tanto, de parar y dedicarse, por ejemplo, a colorear libros, una actividad cada vez más popular. O a coser, bordar...

En síntesis. Cuando aumenta nuestra ansiedad o estrés, decrece nuestra capacidad de ser curiosos y creativos (es algo puramente químico en nuestro cerebro). Y al revés, si aumentamos nuestra curiosidad y creatividad, nos preparamos para poder combatir un estrés futuro (construimos resiliencia). Y si ya estamos estresados y buscamos alejarnos un rato de él a través de lo que hemos llamado pensamiento difuso, con actividades fáciles que faciliten nuestra curiosidad y creatividad, restauramos una cierta sensación de calma. De manera muy laxa, ciertamente imprecisa, podríamos apuntar que hay una **relación inversa** entre ansiedad o estrés y curiosidad.

Estrés que incita

Estrés que paraliza

025

•••

Ser artesano de lo que hagas

En un mundo dominado por lo digital y que amenaza con virtualizarse totalmente, fundiéndose en los diferentes metaversos, ¿qué sentido tiene el arte de hacer con las manos de los humanos?

A todos nos fascina ver cómo alguien usa sus manos, la imaginación y unos pocos materiales para construir soluciones ingeniosas a problemas del día a día. Hay miles de vídeos en las redes en los que se muestran ideas simples, baratas de construir, para resolver un problema. Es lo que en inglés se llama un *life hack* ('truco hábil'), realizado con cuatro materiales y la imaginación.

De hecho, hay quien propone proyectos espectaculares realizados con solo cinta americana. Es el caso de Lance Akiyama, quien llega a construirse un kajak con algunas piezas de PVC, lona de plástico y, eso sí, doce rollos de cinta americana.

Uno de sus libros, orientado a hacer de ti un «ingeniero de cinta», está lleno de propuestas curiosas, como un lanzador de pelotas de *ping-pong*, basado en la explosión controlada de un poco de *spray* para el cabello. También propone construir cosas, como propulsores y grúas, usando solo piezas de madera, como los palitos de los helados, y decenas de gomas elásticas. Todo ello para ser capaz de convertir el ingenio en cosas útiles, funcionales, que permitan hacer algo. Se trata, en definitiva, de hacer lo que sea con solo ingenio, imaginación y cinta americana, o gomas elásticas.

Este hacer con las manos, que nos lleva a crear algo nuevo en el mundo, algo que antes no existía, deriva en algo sublime cuando ponemos nuestras habilidades, nuestro foco, nuestra **pasión**, en crear algo excelente. Esto es, cuando tomamos nuestras capacidades humanas de crear, gracias a la conexión mano-cerebro, y las orientamos a ser artesanos para conseguir hacer algo bello y único, emerge una conexión sutil entre quien lo hace y quien lo percibe, y genera un **respeto** innato por el resultado de la imaginación y el trabajo. Es decir, una cosa es ser un manitas y otra ser un **artesano**. Y otra ser un **artista**.

En un mundo de máquinas inteligentes, donde dominará la eficiencia, quizás rescatar el toque humano del hacer artesano se convierta en un contrapeso imprescindible. Así, el toque humano daría sentido, motivaría una respuesta más **empática** de los humanos ante lo que se nos propone.

De hecho, la importancia del arte de hacer de los humanos es multidimensional:

Por un lado está la **satisfacción de hacer bien las cosas**, de la excelencia en el propio proceso de creación. Como señalaba, creo que acertadamente, Richard Sennett en su ya clásico *The craftman*, «el espíritu de la artesanía implica el deseo de hacer bien un trabajo por sí mismo; las personas motivadas únicamente por las recompensas materiales o la competencia no tienden a producir un trabajo tan bueno como aquellas motivadas por el sentido de la artesanía». Esta orientación artesana del trabajo humano deriva del deseo de hacer bien las cosas porque sí, por el simple placer que

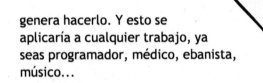

genera hacerlo. Y esto se aplicaría a cualquier trabajo, ya seas programador, médico, ebanista, músico...

Por otro lado, que demos espacio a las capacidades creativas de los humanos podría convertirse en un **antídoto** del potencial exterminador de empleos que muchos ven en la tecnología. Se trataría de dejar que las máquinas automaticen tareas aburridas y repetitivas para reservar a los trabajadores humanos concentrarse fundamentalmente en sus habilidades distintivamente humanas, en su criterio e imaginación. En su curiosidad.

Finalmente, quien recibe el resultado del trabajo artesanal bien hecho percibe elementos que van más allá de la propia confección del objeto, porque conecta con **valores** *éticos*

EL ARTE DE HACER

sutiles, como los que emergen del valor incuestionable de la destilación del tiempo de otro humano para conseguir hacer algo bien hecho. Y, además, probablemente con un impacto ambiental menor que el realizado con un producto industrial alternativo.

Si el ser artesano resulta del deseo de hacer algo muy bien y la curiosidad es el deseo de conocer cosas nuevas, tendríamos aquí un potencial vínculo entre estas dos habilidades humanas: la curiosidad nos lleva al placer de descubrir, y la promesa de recompensa si la satisfacemos nos inyecta la voluntad de indagar con perseverancia, de la que se derivan habilidades que nos pueden convertir en artesanos de nuestro trabajo.

La curiosidad incita a probar cosas nuevas. Y en aquellas en las que encontramos algo que nos motiva, ponemos tanta tenacidad que nos lleva al placer de hacer las cosas bien hechas.

Usa, pues, tu curiosidad para descubrir **qué te motiva** y desarrolla en ello habilidades que te conviertan en un artesano de ello. O, más aún, en un artista guiado por la autoexigencia.

CURIOSIDAD por DESCUBRIR

INDAGAR con PERSEVERANCIA

HABILIDADES de ARTESANO

026

Preguntas para un pensamiento crítico

Ya hemos visto en algún otro momento que la curiosidad está muy relacionada con hacerse preguntas, y también que el futuro depende más de hacerse buenas preguntas que de simplemente encontrar respuestas. La innovación depende, fundamentalmente, de la calidad de las preguntas. Preguntas que después hay que responder, claro. En definitiva, parece que en el futuro el valor de las respuestas decrecerá (incluso puede que muchas las den las máquinas), mientras que el valor de las buenas preguntas aumentará.

Si esto es así, habrá que formar a los humanos de las próximas generaciones en **cómo hacer buenas preguntas**. Esto conllevará, probablemente, una transformación profunda del modelo educativo, que derivará en poner más énfasis en la capacidad de hacer buenas preguntas que en la de simplemente conocer las respuestas que otros ya han dado. En otros capítulos daremos ideas de cómo puede hacerse esta transformación del sistema educativo.

Hacerse preguntas tiene que ver con desarrollar un pensamiento crítico. Es decir, que no aceptes sin más lo que te dicen y que pongas en sana cuestión todo lo que recibes, con el objetivo de determinar qué información es fiable y cuál no. Esto, que siempre ha sido importante y que está en el origen de la revolución científica del siglo XVII, es ahora más crítico como consecuencia de la cantidad de información que nos abruma, lo que denominamos en su día **infoxicación**, que facilita la emergencia de información incompleta, falsa y manipulativa. Una infoxicación que dificulta medir la calidad y la certeza de la información, y que nos lleva a tomar frecuentemente decisiones basadas más en las **emociones** que en las **evidencias**.

Uno de los mayores expertos en cómo hacer buenas preguntas, Warren Berger, nos propone en su fantástico libro *Beautiful questions in the classroom* cinco preguntas críticas a hacerse antes de tomar por buena una información que recibimos. La idea sería entrenar a los alumnos en las escuelas a hacerse estas preguntas para construir su propio pensamiento crítico.

Las cinco preguntas son:

¿Cuán fuerte es la evidencia? Es decir, ¿cómo se ha demostrado lo que se dice, quién lo dice y qué credibilidad tiene, y hay algún objetivo oscuro detrás de la afirmación? Por ejemplo, ¿los robots van a desplazar a los humanos destruyendo millones de puestos de trabajo? ¿Cuáles son las evidencias?

¿Qué no me están diciendo? ¿Qué falta en el relato?, ¿qué detalles se están omitiendo que podrían ser importantes o críticos? Por ejemplo, ¿son los automóviles eléctricos la mejor respuesta en movilidad al cambio climático, o la acumulación de miles de millones de baterías acabará siendo un mayor problema que el de la contaminación actual por hidrocarburos?

¿Sigue una línea lógica? ¿Las conclusiones que van derivando siguen una lógica o me están forzando a pensar que el argumento A me lleva inexcusablemente a la conclusión B? Por ejemplo, más inmigrantes lleva a menos oportunidades de trabajo para los locales. ¿Qué se han saltado en esta lógica?

¿Cuál es la versión opuesta? Para evitar caer directamente en una versión atractiva, hay que tratar de evaluar la versión opuesta y considerarla con una mente abierta. Por ejemplo, ¿es tan mala la opción de la energía nuclear como damos hoy por descontado?

¿Qué versión entre las opuestas tiene más evidencias? No todas las versiones existentes deben tener el

mismo peso. Aunque sus argumentos sean atractivos, hay que dar más peso a aquellas que se sustenten en evidencias mejores y más sostenibles. Por ejemplo, ¿qué es mejor, un automóvil eléctrico recargable o de pila de hidrógeno? ¿Qué apoya cada una de las opciones?

En un futuro de acceso a más y más información, y con máquinas inteligentes que pueden ayudarnos a determinar más rápidamente las respuestas, ser capaces de hacer buenas preguntas y analizar la validez de la información disponible para responderlas será una de las capacidades distintivamente humanas que habrá que desarrollar para garantizar la **dignidad** de los ciudadanos.

027

La curiosidad I y la curiosidad D

Aún no tenemos una teoría integral sobre la curiosidad. La conciencia humana sería uno de los últimos grandes misterios a resolver, y relacionada con ella cuestiones como la curiosidad, la imaginación, la intuición, etc. La neurociencia es aún una disciplina muy joven. No sabemos qué es la curiosidad, pero empezamos a conocer qué la estimula y qué mecanismos cerebrales implica. Ello se ha descubierto a través de los avances en neuroimagen, observando qué áreas precisas del cerebro se activan cuando nos pica la curiosidad y qué ocurre cuando la satisfacemos. Lo que sí parece que se sabe es que la curiosidad es esencial para el desarrollo cognitivo de los humanos.

Hay distintas escuelas psicológicas sobre la curiosidad: la que piensa que la curiosidad surge de querer llenar el vacío de una ignorancia; la que considera que la curiosidad surge cuando sabes poco de un tema y quieres saber más, pero que conforme el tema se vuelve más complejo la curiosidad se satura y deja de interesarnos, y la que dice que hay una curiosidad por el simple placer de descubrir, sin más objetivos, haciendo de la curiosidad una característica humana que no podemos evitar.

Según Charles Spielberger y Laura Starr, podríamos entender la curiosidad desde un modelo dual, que ellos denominan de *estimulación óptima*. Cuando nos enfrentamos con algo nuevo, emerge una curiosidad por descubrirlo, entenderlo o simplemente explorarlo. Sería como una «sed de conocer». Esta curiosidad genera en nosotros el placer de descubrir. Vamos

recopilando información al respecto, pero conforme nos metemos más en ello y vamos indagando más, descubrimos la **complejidad** que subyace en cualquier cosa, hasta en lo más nimio de nuestro entorno, y entonces aparece la **ansiedad** de no poder saciar tu interés por comprender. En este punto, para mucha gente la curiosidad se convierte en incómoda, y su reacción consiste en evitar indagar y explorar más.

Es decir, hay un momento en que esa sed de entender que hemos comentando se nos aparece como insaciable o requiere de tal cantidad de energía para resolverla que abdicamos de hacerlo. Es por ello que para saber algo no basta con tener curiosidad, sino que se requiere también de un **esfuerzo continuado**, a menudo poco reconfortante, para perseverar en la comprensión. Entender es difícil, pero saber lo es aún más.

En relación con esto, los psicólogos Jordan Litman y Paula Silvia propusieron en 2005 dos aspectos diferentes de la curiosidad, que designaron con dos letras: la curiosidad I y la curiosidad D.

Por tanto, en algunos casos la curiosidad nos serviría para reducir la ansiedad de sentirse desprovisto de información (la curiosidad D), mientras que en otros ayudaría a aumentar el placer que deriva de descubrir cosas nuevas (la curiosidad I).

Yo me atrevería a resumirlo de la siguiente manera: la curiosidad serviría tanto para reducir nuestra desinformación sobre algo que queremos conocer (curiosidad D) como para aumentar nuestra información sobre algo que nos aparece delante como nuevo y estimulante (curiosidad I).

Algo curioso sobre estos dos aspectos de la curiosidad es que diversos estudios parecen mostrar que el interés por aprender, por responder a lo que queremos saber (la curiosidad D, la interesada a reducir nuestra ignorancia sobre algo) **permanece** a lo largo de toda la vida, mientras que la voluntad por descubrir cosas nuevas, la habilidad de sorprenderse, **decrece** conforme envejeces. Por eso resulta tan fundamental forzarse a descubrir cosas nuevas para prevenir el envejecimiento de la mente.

I = aumentar información
D = reducir desinformación

Aprender a mantener durante la vida el equilibrio entre la curiosidad I (el placer de descubrir) y la curiosidad D (la necesidad de entender) puede que resulte crítico para nuestra salud mental.

La **curiosidad I** es la que resulta del interés por algo. Cuando nos ponemos a indagar sobre algo, a explorar, lo normal es que ello nos produzca sensaciones placenteras. Descubrir sobre algo cuando antes no sabías nada es gratamente estimulante. Por otro lado, la **curiosidad D** es la que resulta de sentirte desprovisto de información respecto a un tema, de verte ignorante sobre algo, de no entender qué es, cómo funciona, por qué existe, etc. Esta curiosidad va de resolver algo, de llegar a un destino, mientras que lo interesante de la curiosidad I es puramente seguir el camino del descubrimiento de algo.

028

•••

El progreso y la conexión de las ideas

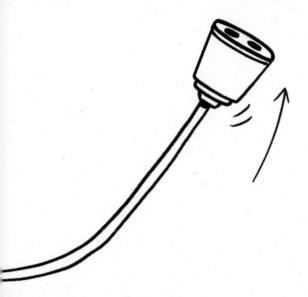

La historia de las ideas puede escribirse desde la conexión entre conceptos, experiencias y/o accidentes que, muchas veces de una manera insólita e inesperada, se interrelacionan para generar algo nuevo. En este sentido, la curiosidad es útil como actitud atenta a lo que ya existe y a lo que hay que cambiar, y como mecanismo para conectar de forma exploratoria cosas aparentemente lejanas. Los avances –el progreso– derivan de la combinación de elementos que emergen de la propia maduración del sistema. Esto es, la maduración de los problemas y de las soluciones que se les va aplicando va evolucionando hasta que emerge un conjunto de nuevos conocimientos.

Así, por ejemplo, podríamos entender que Newton y Leibniz desarrollaran independientemente el cálculo porque el entorno europeo del momento estaba maduro para que surgiera. Esto no les resta extraordinariedad a su trabajo, pero

subraya la importancia del contexto, de lo que se denomina el **adyacente existente**.

Una forma de disfrutar de la evolución del conocimiento humano –que me atrevo a designar como hipnótica– consiste en leer el texto *Connections*, de James Burke, en el que se fundamentó una serie mítica de la BBC con el mismo nombre. De hecho, quizás lo más fascinante es ver hoy esta serie realizada a finales de la década de 1970, en la cual se explica muy acertadamente el proceso por el que se han desarrollado las principales ideas de la humanidad. Está disponible completa en algunas redes sociales, como YouTube.

El autor subtituló esta serie como «una visión alternativa del cambio», una visión lejos de la lineal que siempre nos han explicado. La de Burke es una lectura diferente sobre la evolución de la sociedad, en la cual se da gran relevancia a la **interdependencia** entre las ideas, muchas veces distantes en el tiempo. Esas relaciones entre hechos, personas, situaciones, momentos o condiciones del entorno que aparecen sin más en sus momentos respectivos y que el tiempo acaba **combinando** de una manera insólita.

Por ejemplo, cómo la aparición del telar bajó el precio de la confección de telas, lo que llevó a un mercado de telas usadas que favoreció una industria del papel, que cambió la historia.

O cómo la necesidad de los monjes europeos de determinar cuándo debían orar por la noche generó un gran interés por los conocimientos astronómicos de los árabes, y eso acabó llevando a los relojes con alarma, primero de agua –los más primitivos– y después basados en el mecanismo del *foliot* –los más precisos.

O cómo la llegada a Europa desde China de las agujas imantadas, usadas como primitivas brújulas, acabó llevando al interés por el magnetismo, primero como simple curiosidad, pero después como una línea de experimentación que llevó al electromagnetismo.

Según Burke, ningún conocimiento relevante aparece solo. Y la **facilidad** con la que la información puede circular en una sociedad es determinante para que se acelere la aparición de nuevos conocimientos. El cambio pasa porque muchas ideas, fenómenos, situaciones y personas conecten a través del espacio y del tiempo.

Resulta fascinante seguir la línea de descubrimiento de las conexiones que presenta Burke, más aún en su posterior texto *The knowledge web*. Uno descubre, por ejemplo, el enorme salto que representó la superación de la vela cuadrada de los romanos (que

solo permitía avanzar si el viento venía de popa) por la vela triangular latina (que permitía avanzar con cualquier tipo de viento, incluso en contra, a través de una trayectoria en zigzag). Este avance permitió el incremento radical del comercio, y con ello los beneficios de los comerciantes, esto es, del capital disponible entonces para llevar adelante inversiones de todo tipo. Y si a ello añadimos el perfeccionamiento de la brújula y la invención del timón, ya tenemos desplegadas las

condiciones para la posterior era de los descubrimientos: capital más tecnología.

Algo estimulado de manera inesperada por la caída de Constantinopla. La combinación de todo ello motivó un primer *go West*, la llamada hacia el Oeste, que se desarrolló en forma de viajes por el Atlántico. En definitiva, el progreso surge de la conexión de las ideas. «Curiosos del mundo, uníos».

029
...

La curiosidad y el hacer nada

Después de dedicarme, de una u otra forma, profesionalmente a la innovación durante los últimos 25 años, creo que puedo afirmar que el gran enemigo de la creatividad, de la innovación y, claro está, de la curiosidad es el día a día. No falla: inicias un proceso de innovación en una empresa, te das cuenta de que necesitas dedicarle tiempo de calidad, y entonces te encuentras con la losa de las rutinas diarias del trabajo, el perfecto chico expiatorio: «No puedo innovar porque el día a día no me deja». Más aún, la curiosidad queda limitada por esas rutinas.

Obviamente, esto es una excusa. Porque si analizas tu día a día, descubres muchos momentos dedicados a cosas que no valen la pena: reuniones innecesarias, comidas demasiado largas, horas delante del televisor o cualquier pantalla que podrías ahorrarte y muchos más.

Una respuesta a esta necesidad de tiempo para la curiosidad, y en especial para la creatividad, consiste en definir una **rutina creativa**, una disciplina que ayude a la mente a forzarse a crear. En este punto se puede decir que la creatividad no puede someterse a rutinas, que las musas aparecen cuando quieren, y posiblemente algo de ello es cierto. Pero también es cierto que muchos de los grandes creativos de la historia, artistas, escritores, científicos, etc. siguieron rutinas creativas y organizaban sus días para **facilitar** que apareciera la creatividad.

Sobre los rituales creativos diarios de algunos de los grandes creadores de la historia, por cierto, muchos de ellos grandes introvertidos, resulta muy interesante leer el texto *Daily rituals*, de Mason Currey. El autor explica cómo era el día a día creativo de pintores como Francis Bacon, Toulouse-Lautrec, Matisse o Miró, de escritores como Faulkner, Tolstoy, Kafka, Proust, Balzac o Victor Hugo, de músicos como Mozart, Shostakovich, Liszt o Gershwin, o de filósofos como Descartes o Kant. Uno puede imaginarse lo complicado de una recopilación de este tipo de información, las «rutinas» de las personas, que no acostumbran a ser publicadas en obras sobre los personajes en cuestión. Pero una vez sumergido en el texto, el lector descubre un amplísimo espectro de estrategias diseñadas para hacer emerger a las musas de la nada, para conseguir que la persistencia del esfuerzo destile creaciones puras en las mentes más brillantes. Sin ninguna distinción de género o etnia, como Mason Currey mostró en algunos libros posteriores.

Quizás el factor común de las rutinas descritas en el citado texto sea la convicción de que hay que forzarse a trabajar sistemáticamente si se quiere que las ideas aparezcan. Dicho de otra forma, es el sistema el que deriva en ideas. La creatividad se entiende como una actividad derivada de un **esfuerzo continuado**: hay que escribir mucho para que salga una buena línea, hay que pintar mucho para que un dibujo seduzca y hay que idear muchas notas para que una brille sonata. Esta constatación de que la creatividad deriva del esfuerzo sistemático es una aportación a incorporar en toda estrategia de innovación en una organización: las ideas no surgen de la nada, sino del sistema, de la rutina creativa.

Una frase de Ingmar Bergman resume muy bien esta constatación. A la pregunta «¿En qué consiste hacer películas?», Bergman respondió: «En ocho horas de duro trabajo cada día para conseguir al final tres minutos de buen cine…; y durante esas ocho horas, solo tendrás, con suerte, diez o doce minutos de verdadera creatividad». En el caso de Bergman, por ejemplo, su rutina diaria era algo espartana: trabajo de 08:00 a 12:00, breve comida (casi siempre lo mismo), trabajo de 13:00 a 15:00, siesta de una hora, paseo y acabar el día hablando con amigos, leyendo o, preferiblemente, viendo alguna película o escuchando música, de Bach a los *Rolling Stones*.

Otra estrategia consiste en reservar tiempo para **no hacer nada**, y con ello no me refiero a tiempo para no trabajar y dedicarlo a ver la televisión, que también requiere de una cierta atención. Incluso hay quien dice que ni siquiera la meditación es útil aquí, porque también requiere de una cierta focalización de la mente. Se trata, por tanto, de literalmente **hacer nada**. Quizás por eso algunas de las grandes ideas de la historia emergieron en estos momentos de hacer nada. Recordemos, por ejemplo, la escena de Arquímedes en la bañera y su legendario «¡Eureka!».

Pero, cuidado, tampoco se trata de dedicar demasiado tiempo a no hacer nada. Demasiado tiempo libre, y me atrevo a decir que en especial demasiado tiempo dedicado a no hacer nada, reduce nuestra sensación de bienestar. Se trataría de tener el **justo tiempo libre** para que la mente discurra por un espacio propio sin control previo, pero sin llegar a generar la sensación de que se está perdiendo el tiempo, en el sentido de que se está perdido en el sinsentido. Hacer nada no es lo mismo que perder el tiempo.

En resumidas cuentas, determinar tus rutinas y rituales creativos, y reservar tiempo de calidad para hacer nada se convierten en habilidades fundamentales para favorecer tu curiosidad y estimular tu creatividad.

030

Estimular la curiosidad en el aula

Hacerse preguntas es importante, y el valor de estas aumentará frente al valor de las meras respuestas. Hay que crear una cultura de curiosidad, o mejor aún, de indagación, en las escuelas. Hay que estimular que los alumnos se hagan preguntas.

Pero eso no consiste simplemente en decir «Alumnos, haced preguntas», pues hay diversas «fuerzas» que previenen e incluso impiden a los alumnos en una clase hacer preguntas, como el miedo a preguntar una «tontería» (y aparecer así como ignorante ante el resto) o la apatía (¿por qué preguntar si se espera de nosotros un rol más bien pasivo, y no hay ninguna «recompensa» al preguntar?).

En su fantástico libro *Beautiful questions in the classroom*, Warren Berger nos da una serie de consejos prácticos para «desarrollar una cultura de curiosidad vía preguntas» en la

escuela. Entre los consejos, sumamente aplicables, que propone, me gustaría destacar los siguientes:

Que el profesor sea un **ejemplo de curiosidad**: por ejemplo, que su forma de preguntar no sea para determinar si los alumnos saben o no algo que ya ha explicado («pillarles» en la falta de trabajo o memorización), sino para encontrar entre todos una respuesta a una pregunta que puede que ni siquiera él sepa responder en ese momento. Se trataría de hacer preguntas significativas, que no se puedan responder inmediatamente vía Google. Berger las llama *preguntas que no sean trivialmente «googlelizables»*. Por ejemplo, el profesor puede preguntar «Napoleón, ¿era bueno o malo?», una pregunta que no puede responderse inmediatamente. O «¿Qué es el ARN mensajero?», una pregunta cuya respuesta él mismo desconozca pero que puede trabajarse organizando la información disponible en la red.

Hacer del preguntar un «**deporte en equipo**»: se trataría de superar el problema del miedo a preguntar, a quedar expuestos, de los alumnos, facilitando que el proceso de preguntar se haga en grupo. Al recibir la pregunta-reto, el equipo debería organizarse para buscar información, analizarla con espíritu crítico y organizar las evidencias para poder estructurar una respuesta que se sostenga.

Definir un **entorno de seguridad** al preguntar: la idea consiste en dejar claras unas normas sobre cómo respetarse mutuamente cuando se pregunta, e incluso de diseñar cómo debe ser un espacio que estimule preguntar. Por ejemplo, Berger sugiere que es mejor una disposición circular de las mesas que una basada en filas. Además, se pueden tener pizarras en las que compartir las buenas preguntas, que estén accesibles siempre, para facilitar, en una metáfora que encuentro muy acertada, que «las paredes enseñen».

Facilitar un **kit** básico sobre el arte de preguntar: qué diferentes tipos de preguntas hay, cuál es la diferencia entre las preguntas abiertas y las cerradas... Aquí Berger hace referencia a la taxonomía de preguntas elaborada por Frank Sesno, un prestigioso periodista de la CNN, recogidas en su libro *Ask more*.

Convertir las meras preguntas en **retos**: ir más allá de las preguntas que pueden responderse con un «sí» o un «no», o con un dato factual, y estimular aquellas que desvelan un problema relevante, en el que vale la pena hurgar. Por ejemplo, el problema de la sostenibilidad real de los automóviles eléctricos alimentados por baterías, ¿por qué son un

problema?, ¿cuáles son las alternativas?, ¿qué pasaría si... (el arte del *what-if*)?, ¿cómo se puede resolver?, ¿quién puede hacerlo?. Se trata de **convertir las preguntas en problemas** sobre los que merece la pena indagar.

Finalmente, Berger propone definir un **sistema de celebración y reconocimiento** de la curiosidad. Que participar en el proceso educativo sea una fiesta de preguntarse para entender.

031

Cinco preguntas fundamentales

¿Existen preguntas esenciales que, si las usamos frecuentemente, nos pueden llevar a ser más felices y a tener una vida con más éxito o con más sentido? Y si existieran, ¿tendríamos una especie de «receta para una buena vida»?

Dicho de otra forma, ¿existen preguntas que nos puedan ayudar a sacar más partido de nuestra curiosidad? Si además de la curiosidad «sorpresa» (el efecto «uau») creemos en el beneficio de la curiosidad inquisitiva (efecto «mmm»), ¿existen buenas preguntas que conduzcan nuestra curiosidad a mejores, o más completas, respuestas?

Bueno, posiblemente no exista una lista infalible de preguntas «palanca» que todo lo dilucidan, pero en su fantástico libro *Wait, ¿what?*, James Ryan nos aporta cinco de esas preguntas esenciales que, según él, forman las bases del arte de preguntar

(y de responder). El fundamento del libro es que lo crítico es «hacer las buenas preguntas», porque si haces preguntas mal planteadas, nimias o equivocadas, lo más probable es que las respuestas que obtengas, incluso después de mucho esfuerzo, sirvan de poco.

Se trata, según Ryan, de preguntas que **inspiran** buscar la respuesta, que invitan a **hurgar** para encontrar una solución con más sentido, más completa que una respuesta derivada de la rapidez no reflexiva. Son, por tanto, preguntas que ayudan a **buscar** en la dirección más correcta, a clarificar qué se busca, a generar, en definitiva, curiosidad que lleva a mejor comprensión.

Son estas cinco preguntas:

Wait, what?, que podríamos traducir por «espera, ¿qué has querido decir con esto exactamente?». O, en el peor de los casos, «*¿estás de broma?*». Se trata de una pregunta que busca clarificar el *input*, es decir, la información que recibes y que te incita la curiosidad. Esta pregunta evita ir demasiado rápido a buscar conclusiones (que muchas veces se derivan de sesgos o, peor, de prejuicios) y te brinda tiempo para entender de qué va el tema en realidad. Podríamos decir que esta pregunta tan simple, aclaratoria, te da tiempo para comprender, para

Wait, what?

focalizar tu eventual comprensión posterior. Ryan dice algo así como que esta pregunta «te da tiempo para mejorar la calidad de tu curiosidad».

I wonder why, I wonder if?, es decir, me pregunto el porqué de algo o ¿qué pasaría si ocurriera algo? Es una pregunta que abre espacios para ver de otra forma lo aparentemente incambiable. Poner en cuestión el *statu quo*, el estándar, el posicionamiento doctrinal. Obligarse a «abrir» nuevas perspectivas.

Couldn't we at least? , esto es, «¿no podríamos al menos? Es una pregunta que busca encontrar algún tipo de consenso en una situación en la que hay desacuerdo. Es decir, se trata de

abrir un espacio de curiosidad para encontrar «intersecciones», factores o posiciones comunes. Esta pregunta facilita obligarte a ti, y a quién se la propones, a explorar nuevas opciones que liberen a todos los implicados de su estancamiento doctrinal, de su convicción cerrada en la virtud de su posición. Esto es, estimula a probar,

abre una oportunidad a la curiosidad como antídoto de la polarización de un grupo de personas a las que conviene encontrar una posición común.

How can I help? Esta es fácil, ¿cómo puedo ayudar? Una pregunta que parece trivial pero que tiene una gran sutileza, porque es muy diferente de ¿necesitas ayuda?, pregunta que emerge de la pequeña, o gran, soberbia de pensar que aportas algo que el otro no tiene. Es una pregunta humilde en la que reconoces la experiencia o el conocimiento del otro, y simplemente le invitas a que considere si le puedes ser útil; una pregunta que abre una conversación y crea una relación más equilibrada entre las partes implicadas, y una demostración de que tienes disposición humilde a ayudar. Una pregunta sutil que abriría muchas curiosidades, por ejemplo, en aulas en las que alguien pueda tender a proyectar que el que sabe es (solo) él o ella.

What truly matters?, es decir, ¿qué es lo realmente importante?, vayamos al núcleo de la cuestión, focalicémonos en lo importante, dediquemos el precioso tiempo a lo que lo merezca. Esta simple pregunta puede evitar una curiosidad desorientada, que da palos de ciego, que busca en cualquier cosa que aparezca, con lo que se obtiene la dispersión de la búsqueda y la ansiedad del que busca.

En definitiva, cinco preguntas útiles que pueden ayudarnos a manejar nuestra curiosa energía tanto para responder mejor a nuestras inquietudes como para disfrutar mejor al hacerlo.

Responder disfrutando...

032
•••

El robo de la atención

A estas alturas, los dos sabemos que el hecho de que estés leyendo este capítulo es un lujo para los dos. Primero, porque que estés en esta página requiere que tengas curiosidad por la curiosidad, algo no trivial, y segundo, que hayas encontrado tiempo, cuatro minutos, para leerlo, entre los múltiples estímulos físicos, pero sobre todo digitales, a los que te ves sometido. Y, sí, la palabra es sometido.

Si tienes experiencia en las redes sociales, como Instagram y TikTok, o incluso LinkedIn, sabes lo fácil que es que pases de un estímulo al siguiente sin casi darte cuenta. De la sorpresa de una propuesta, normalmente sintetizada en un titular atractivo,

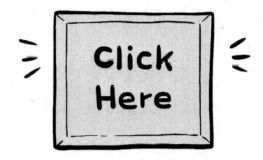

sorprendente e inquietante, o en una imagen insólita, divertida, impactante, a la siguiente, y a la siguiente, etc. Las redes funcionan desde el «uau», desde esa curiosidad por lo fascinante, nuevo, prometedor. Pero en la mayoría de las ocasiones la cosa se queda en eso, en la promesa de un estímulo nuevo. Esta atención instantánea a un estímulo es lo que explica, en muchas ocasiones, el éxito de las redes sociales. Vas saltando, brincando, de un breve estímulo, de un pequeño chorro de dopamina u otro neurotransmisor, al siguiente.

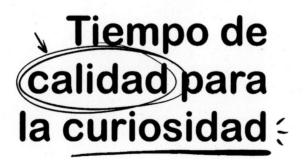

Tiempo de calidad para la curiosidad

"Wow!" "Mmm?"

La gran víctima de todo esto puede que sea la atención, la disposición a seguir un trayecto mental que tiene un retorno no inmediato, el placer de estar presente a la largo de un viaje de la mente, como cuando estás leyendo una novela, contemplando las olas desde la cubierta de un barco o paseando por un bosque donde el viento es el único concierto.

Constantemente alternamos entre una pantalla y la siguiente. Unos minutos de un tiempo que podrías estar dedicando a dar una vuelta en bicicleta, a prepararte una comida saludable o a hablar con tu pareja o tus hijos, o con esa amiga que ves muy poco. ¿Las pantallas nos roban estar en un presente de calidad? Esa sería, quizás, la pregunta. Es como esa situación en la que en una puesta de Sol todo el mundo está tomando una fotografía para capturarla y nadie la está viviendo de verdad. Estamos «secuestrados» por las pantallas. Como dice Johann Hari, no es que hayamos perdido la atención, sino que nos la han robado.

Así pues, parece que tenemos un problema con el dominio de la curiosidad «uau», de la sorpresa instantánea. Y eso nos estaría llevando a problemas de atención más profundos. Es decir, saltamos entre estímulos, en ninguno de los cuales nos quedamos más que algunos segundos (como muestran algunos estudios). Algunos expertos advierten de la magnitud del problema, de los problemas que derivan en la mente humana de la dificultad creciente de **mantener una atención** continuada ante algo. Y puede que ello nos lleve a una pérdida de la habilidad de pensar profundamente.

En términos de lo que tratamos aquí, esto es, de la curiosidad, la cuestión relevante es que el dominio de la curiosidad «uau», entronizada por el modelo de estímulos cortos en las redes sociales, más aún en todo tipo de pantallas, reduce nuestro tiempo de calidad para la curiosidad «mmm», la inquisitiva, la de ponerse a explorar sobre algo con voluntad de descubrimiento. La cognición de **calidad** requiere cierto estado de **concentración**, de inmersión en el tema. Y parece que el entorno digital que hemos provocado puede acabar derivando en una degradación cognitiva en masa.

Lo contrario de esta sucesión de impulsos «uau» es el estado de **flujo**, el estar sumergido en algo que te interesa de tal forma que el tiempo no pasa, como tan bien explicó Mihály Csíkszentmihályi. Esa sensación de bienestar mental que deriva de concentrarte con tiempo de calidad en algo que te interesa, que te da sentido, en lo que pones tus habilidades y que te gusta tanto que el resto del mundo se pone en pausa.

La curiosidad «mmm», la que ha transformado el mundo a lo largo de la historia, requiere de personas que se sumerjan en su flujo: la curiosidad productiva emerge de la **pasión** por algo que te inquieta y, al mismo tiempo, te da sentido.

Entonces, ¿cómo hacerlo? Primero, respondiendo individualmente, matando el dominio de las pantallas, sacándolas de tu agenda durante horas del día (fácil de decir, eh?). Pero, y quizás más relevante, uniéndote a los emergentes «movimientos por la atención» que surgen en el mundo, reclamando disfrutar de la **atención tranquila**, pero profunda, por algo. Grupos de estudio, de observación (por

ejemplo, de flora y fauna, ornitólogos y cazadores de sonidos en los bosques), o un grupo de amigos de la curiosidad, como este al que le has dedicado algo más de cuatro minutos. Gracias por tu atención, nunca mejor dicho.

033

•••

El ojo curioso ve distinto, literalmente

¿Hay algo intrínsecamente distinto en una mente curiosa? Y si lo hay, ¿se puede entrenar? ¿Podemos nutrir nuestra habilidad para ser curiosos? Esta es una pregunta hoy fundamental, porque, como hemos visto en otros capítulos, en un mundo futuro en el que habrá más y más máquinas inteligentes, la oportunidad de los humanos emergerá de sus capacidades diferenciales, y destacada entre ellas, la curiosidad de la mente humana.

Tradicionalmente nos hemos interesado por la gente muy creativa, o por los genios, individuos que combinan su perspicacia con su persistencia para ver donde los demás no ven, para derivar de ello algo nuevo, como un descubrimiento, una idea, una aplicación, o una solución a algún problema, más o menos relevante. De hecho, una forma de medir el grado de creatividad de un individuo consiste en contar el número de usos diferentes que su mente propone cuando se le presenta un objeto, por ejemplo, una cuchara.

Un fantástico ejemplo de mente creativa lo encontramos en el artista japonés Tatsuya Tanaka, con sus hipnotizantes propuestas de escenas imaginadas construidas con objetos del día a día y figuras a escala, normalmente de 1/87. Aún no he encontrado a nadie a quien no le fascine la creatividad y la imaginación de Tanaka a la hora de idear sus espacio-tiempos a escala. Sus, si se me permite el término, *small worlds* ('mundos pequeños') seducen a cualquier humano.

Pero, aparte de la evidencia de que el mundo dispone de personas, individuos, muy creativos, que lo ven de formas diferente para idear conceptos diferenciales, resulta cada vez más relevante que podamos construir sobre la **creatividad colectiva**, la capacidad de idear y crear cosas nuevas a partir de la

Perspicacia
➕
persistencia

colaboración de individuos, que puede que aisladamente no sean tan creativos. Teresa Amabile, entre otros, lo estudió con detalle y determinó que una combinación de las posibilidades de la tecnología con nuevas formas de colaboración entre humanos permite que personas «normales», que no responden a lo que entendemos como «genios», puedan trabajar juntas para llegar a un resultado incluso más creativo que el que conseguiría un individuo extraordinario. Es decir, en las próximas décadas podemos esperar que más ideas disruptivas resulten de la creatividad colaborativa de personas «normales».

En esta línea, en un interesante artículo publicado en 1976 Eric von Hippel ya mostraba el papel dominante de los usuarios en el proceso de innovación de los **instrumentos quirúrgicos** (hasta en un 76 % de los casos, según determinó). Algo parecido ocurre en la innovación en

los productos relacionados con el deporte.

Por tanto, tenemos suerte tanto de que haya personas muy creativas, individuos, muchas veces introvertidos, que idean cosas nuevas porque ven diferente, como también de que tengamos procesos y herramientas que permitan a un conjunto de personas, individualmente no tan creativas, a serlo de forma colaborativa.

La cuestión que emerge de todo ello es si podemos aprender sobre **qué hace** a un individuo más creativo, para poder con ello entrenar a más personas a ser más creativas, de forma que la combinación de sus capacidades aumentadas, a través de procesos de innovación colaborativa, dé aun mejores resultados.

Pues bien, diversos estudios parecen mostrar que no es que las personas creativas vean las cosas desde otra

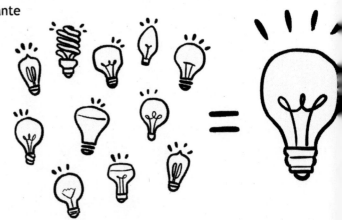

perspectiva o enfoque, sino que las ven literalmente distintas a como las ven otros humanos menos creativos. En algún capítulo anterior ya tratamos, por ejemplo, de la singular agudeza visual de Leonardo, que le llevó a poder «congelar» en el tiempo las acciones que veía. Pero aquí los estudios están diciendo que no hace falta ser Leonardo para ver las cosas diferentes. Una persona creativa, y por extensión, de raíz curiosa, es decir, una persona con lo que coloquialmente diríamos una **mente abierta**, tiene experiencias visuales fundamentalmente diferentes de las que tiene un individuo normal.

Esto es, el ojo curioso ve diferente, con lo cual queremos decir que la mente curiosa **mezcla** de manera diferente los *inputs* sensoriales que recibe. Una mente abierta es, por tanto, una mente que **combina** lo que le llega, y de esa combinación sale una visión diferente de la realidad.

Si se demuestra que esto es cierto, ya tendríamos una base sobre la que entrenar a las personas a ser más curiosas. Aprender sobre cómo las mentes abiertas ven diferente el mundo y aplicarlo a las mentes normales. Y, queramos o no, explorar si podemos aumentar esta apertura mental mediante estímulos químicos (drogas y fármacos) o físicos (estimulación electromagnética, por ejemplo). Un nuevo reto para nuestra curiosidad sobre la curiosidad.

INTROVERTIDOS + EXTROVERTIDOS COLABORANDO

034

Flexibilidad cognitiva

Imagínate que estás circulando por la autopista y un cartel (o tu GPS) te anuncia que hay un embotellamiento unos kilómetros más adelante. ¿Qué haces? ¿Empiezas a hurgar en tu cerebro para encontrar un escape, una vía alternativa, o te quedas en la autopista con la esperanza de que el GPS se haya equivocado (cosa que, obviamente, no ha hecho)? O recuerda qué has hecho cuando estás intentando resolver un problema en el trabajo y la estrategia que siempre has seguido, en circunstancias parecidas, no te funciona. ¿Qué haces? ¿Persistes en aplicar el método conocido con calzador, abandonas la tarea o buscas una forma diferente de atacar el problema?

Pues bien, cómo respondes ante situaciones de este tipo, en que las condiciones del entorno han cambiado, depende de tu nivel de **flexibilidad cognitiva**. Es una capacidad que ha sido definida de diferentes maneras, pero quizás una definición útil, para empezar, es que la flexibilidad cognitiva es la habilidad de **adaptar** tu comportamiento para conseguir tus objetivos en unas nuevas condiciones del entorno. Es decir, se trata de la capacidad del cerebro para adaptarse a acontecimientos nuevos, cambiantes, no planificados. En este sentido, a veces se la denomina también *cognitive shift*, es decir, cambio o **alternancia cognitiva**. Es una adaptación que hacemos ante una nueva situación en la que, normalmente, nuestra estrategia convencional deja de funcionar.

También se utiliza este término cuando hablamos de personas que son capaces de pasar, con facilidad y rapidez, de una tarea a otra, sin que con eso queramos decir que puedan mantener el mismo nivel de atención o focalización en todas ellas. La capacidad de moverse entre tareas es una flexibilidad cognitiva porque lleva a cambiar qué estamos haciendo y cómo lo estamos

035

•••

Cómo aprender durante toda la vida

A estas alturas, decir que un entorno de complejidad y cambio constante exigirá que las personas y organizaciones se adapten aprendiendo cosas nuevas (y desaprendiendo otras) es toda una obviedad. A la evidencia de que, hasta ahora y en muchos países, disponer de una educación formal aumentaba las posibilidades de tener un trabajo bien remunerado, se une ahora el hecho de que haber tenido esa educación formal no garantiza que puedas aportar valor para poder vivir de ello. La obsolescencia de los conocimientos de los profesionales es una realidad creciente que obligará a las organizaciones a exigir a sus empleados y colaboradores alguna forma de aprendizaje permanente.

Pero querer que tus profesionales aprendan no es lo mismo que **conseguir** que lo hagan. Porque aprender no deriva de que te obliguen. Si no hay **motivación**, no hay aprendizaje, al menos aprendizaje de calidad que pueda ser aplicado. Algo tiene que **interesarte** para que aprendas.

Esta es una conclusión relevante de un estudio realizado por John Hagel III y el Deloitte Center for the Edge. El estudio buscaba entender qué hace que alguien se implique a aprender a lo largo de su vida y a seguir haciéndolo de forma habitual. Tras estudiar a más de 1.300 trabajadores en múltiples niveles en 15 sectores empresariales, se llegó a la conclusión que para aprender de forma que lo que se aprende pueda aplicarse a mejorar el trabajo, y con ello a crecer como profesional, un requisito fundamental es tener lo que denominaron *la pasión del explorador*. En efecto, el estudio determinó que los trabajadores con pasión por **explorar**, con interés por aprender cosas nuevas sobre un tema que les incitaba, aprendían más y más rápido. La mala noticia es que solo el 14 % de los trabajadores norteamericanos muestran esta pasión por aprender en el trabajo. Es como si no confiaran en que las empresas, que hasta ahora por lo general solo buscaban de ellos que fueran dóciles y aplicaran «el

Para APRENDER hay que QUERER APRENDER

La pasión del EXPLORADOR

cómo convertir mi **voluntad** de aprender cosas nuevas en un **hábito**. Es decir, cómo desarrollo el hábito de aprender a lo largo de mi vida.

En un artículo muy útil al respecto, John Coleman nos da cinco claves para conseguirlo:

Determinar qué resultados quieres conseguir; por ejemplo, si lo que quiero es entender lo que es un ordenador cuántico, podré organizar un programa de lectura y estudio al respecto.

Ponerse objetivos realistas: en el ejemplo anterior, es obvio que no podré ser un experto en información cuántica, pero puedo llegar a entender los fundamentos, que serán más o menos profundos de acuerdo con mis conocimientos previos y el tiempo y energía que quiera dedicar al

manual», también valoraran que lo pusieran en cuestión.

Una oportunidad emergería si a esta necesidad de las empresas por empleados que aprenden a lo largo de su vida uniéramos la necesidad de esas mismas personas de ser curiosas para mantenerse mentalmente activas, y acercarse con ello a una vida con más sentido y más feliz. Es decir, yo como persona me mantengo activa respondiendo a mi curiosidad, y como empleado esta pasión por explorar cosas nuevas se convierte en un activo muy interesante para la empresa. En especial, si conseguimos **alinear** el interés de la persona con el interés de la organización, lo cual no me parece muy difícil.

Por tanto, en ambas situaciones, en el yo como persona y en el yo como profesional, una cuestión crítica es

HÁBITOS de aprendizaje

respecto; para hacerlo, será crítico que cumpla con un cierto calendario y que, a ser posible, dedique al proyecto un tiempo cada día.

Participar en una comunidad de aprendizaje en la que haya gente como yo, a mi nivel, o mayor, con la que pueda compartir mi compromiso de aprendizaje.

Definir un tiempo de calidad, en el que no haya distracciones o interrupciones (incluyendo silenciar todos los enlaces digitales no imprescindibles para la tarea).

Aprovechar la tecnología que pueda contribuir al aprendizaje [*moocs, massive online open courses* (cursos *online* masivos y abiertos), vídeos en YouTube, artículos, etc.].

Finalmente, hay que disponer una serie de **factores de entorno** que puedan facilitar el aprendizaje, como dormir bien, alimentarse de forma sana, hacer algo de ejercicio, un espacio que facilite un tiempo de calidad y un entorno en el que se pueda aprender sin temor a equivocarse por el camino (y que te permitas hacerlo).

Las organizaciones necesitan personas que aprendan para que ellas puedan adaptarse a las nuevas realidades. Y los países necesitan que sus empresas lo hagan de forma decidida y sistemática. Porque la calidad de vida de los países bien puede depender de disponer de empresas competitivas, gracias a una **soberanía científica y tecnológica** que, al final, depende de una población dispuesta a aprender de por vida.

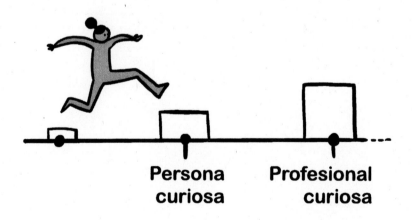

Persona curiosa   **Profesional curiosa**

haciendo, porque han cambiado las condiciones del **entorno**. Por ejemplo, lo que necesito para escribir en el teclado no es lo mismo que necesito para responder a una pregunta que me hace el compañero de la mesa de al lado.

Hay personas que no son muy flexibles en su cognición, sino que se atan a su forma habitual de hacer las cosas. Por ejemplo, hay niños que tendrían dificultades para responder a la pregunta de su profesora sobre «distintas maneras de organizar en grupos a los estudiantes de la clase». ¿No son acaso todos niñas y niños? ¿Qué otros grupos podrían pensarse? Y es que hay personas ancladas en su rigidez cognitiva, lo contrario a la flexibilidad cognitiva. De hecho, parece que los humanos somos especialmente malos a la hora de cambiar nuestras rutinas aprendidas, que nos han funcionado

anteriormente. Es decir, nuestro cerebro cae fácilmente en los sesgos, lo cual no ocurre en los primates próximos, como demuestran algunas investigaciones.

Y en el contexto de la curiosidad, parece obvio pensar que la flexibilidad cognitiva, esto es, permitirse pensar de formas diferentes en situaciones cambiantes, favorece la curiosidad. La flexibilidad cognitiva nos ayuda a resolver problemas de formas nuevas, creativas, a adaptarse y a actuar más apropiadamente frente a situaciones cambiantes. Nos permite, literalmente, un cambio de perspectiva que abre nuevas formas de ver las cosas. Un cerebro anclado en sus convicciones, nada flexible, no se permite la libertad de la curiosidad.

La flexibilidad cognitiva es considerada un componente crítico de la **función ejecutiva** del cerebro, es

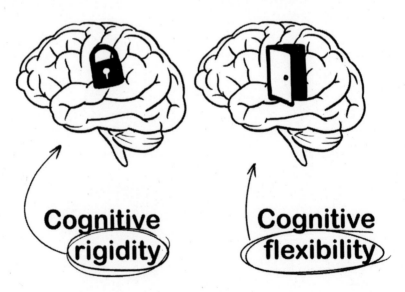

Cognitive rigidity

Cognitive flexibility

decir, de los procesos mentales que nos permiten **planificar**, focalizar nuestra atención, y llegar a resultados mezclando diversas tareas en el proceso si es necesario. Además, esta flexibilidad nos ayuda a **socializar**: las personas con rigidez cognitiva no tienen interés ni facilidad por comprender las posiciones de otras personas. Hay que entender cómo enfocan las cosas otras personas, que pueden tener una visión que nos ayude a nosotros a salir de la trampa en la que nuestra visión sesgada puede habernos metido.

Además, las empresas piden cada vez más profesionales que tengan capacidades adaptativas y **empáticas** para hacer frente a situaciones complejas y cambiantes. Ser cognitivamente flexible puede ilustrarse metafóricamente como una corriente de agua líquida que discurre, se adapta al río, busca nuevos caminos. Más aún, las organizaciones, como organismo, tienen que aprender ellas mismas a desarrollar su flexibilidad cognitiva.

La flexibilidad cognitiva puede medirse y entrenarse, e incluso hay juegos infantiles, como el Superflex, que impulsan la flexibilidad mental. Aún hay mucho que aprender al respecto, pero algunos estudios remarcan evidencias como, por ejemplo, que la flexibilidad cognitiva aumenta a través de ciertos modos de entrenamiento mental, pero también gracias a la actividad física y a la experiencia bilingüe.

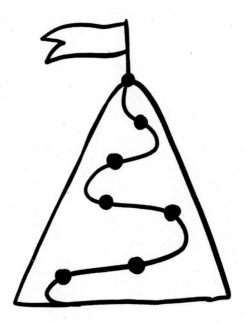

036

...

¿Adolescentes cada vez menos curiosos?

Uno tiene la impresión de que la edad te hace cada vez menos curioso, quizás porque ya has visto muchas cosas y resulta difícil que algo sea tan genuinamente nuevo como para sorprenderte. Pero hemos visto que luchar por mantenerse curioso es fundamental para contener el deterioro cognitivo, pues envejeces cuando dejas de ser curioso.

Por eso tendemos a recordar con algo de nostalgia esa infancia en la que todo era descubrir, en la que lo normal era preguntarlo todo. Algo que se repite generación tras generación humana y que hemos visto en nuestros hijos e hijas y veremos en nuestros nietos y nietas.

Cuando somos pequeños, hacemos miles de preguntas, sobre todo y en todo momento. Pero ¿qué ocurre en esa membrana entre la infancia y la juventud, en la adolescencia? ¿Qué nos ocurre, en términos de creatividad, cuando la atravesamos?

Según un informe de la OCDE realizado en 2021, la creatividad de los adolescentes es menor que la de los niños. El estudio se realizó mediante encuestas a niños de 10 años y a adolescentes de 15, en 10 países. En las encuestas se les preguntaba sobre sus comportamientos, actitudes y preferencias, para que así determinaran si veían en sí mismos unas 15 habilidades socioemocionales, como la responsabilidad, la perseverancia, la tolerancia, la cooperación, la creatividad y, claro está, la curiosidad. El resultado, en términos generales, es que los adolescentes de 15 años se ven con unas habilidades socioemocionales menos desarrolladas que los niños de 10 años. Y la caída es incluso superior entre las adolescentes.

Es como si la formación en la escuela redujera las capacidades de ser una persona autónoma, con inquietudes por lo que le rodea, con sentido de la responsabilidad para actuar sobre ello con perseverancia y determinación. Nos formamos para tener los instrumentos con los que intentar entender el mundo, y puede que en el camino perdamos parte de la

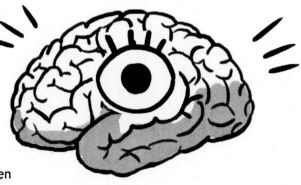

capacidad para hacernos preguntas y para entendernos a nosotros mismos.

Bueno, esta es una interpretación personal que me permito, pero que no puedo fundamentar. Lo cierto es que el estudio sí dice que la percepción de ser creativos en los adolescentes disminuye respecto a la que tienen de sí mismos cuando son más pequeños. Este resultado es preocupante, por cuanto el futuro de la humanidad, o si queremos ser más pragmáticos, el futuro de esos jóvenes del futuro, y sus posibilidades de tener una vida equilibrada y de ser felices dependerá de poder tener un **trabajo con sentido** en un mundo en el que las máquinas inteligentes ya existirán. O son creativos y apalancan su talento y curiosidad en algo que aporte valor, o lo tendrán difícil.

Para ser justos, hay quien ha relativizado los resultados de este informe porque, dicen, no ha tenido en cuenta los cambios físicos y psicológicos que experimenta el cerebro de los adolescentes durante la pubertad. Y que esos cambios, en los que pueden sentirse más inseguros ante las novedades que emergen ante ellos, empezando por su propio cuerpo, quizás disminuyen la apreciación de sus capacidades. Es decir, puede que no hayan perdido tanto, pero lo ven así porque quizás sienten que necesitarían tener más de esas capacidades

socioemocionales. Es como si la confusión emocional de la adolescencia disminuyera la **autoconfianza** y la percepción de esas capacidades.

Por tanto, habrá que hacer algo para que esos ciudadanos del futuro se sientan más **empoderados** para llevar adelante una vida más curiosa y creativa, en el tema que sea y con la profundidad que cada uno decida, desde sus talentos naturales y el calibre de sus ganas de perseverar. Porque puede que los adolescentes sean muy curiosos y creativos, pero por cosas que los mayores quizás no consideremos normativamente

curiosas o creativas. Y si no, díganselo al hijo adolescente de una amiga mía, centro de una comunidad global de adolescentes (profundamente) interesados en el *dark rap*.

Para empezar, habrá que entender mejor el cerebro de los adolescentes y, más exactamente, qué cambios experimenta durante esa etapa fundamental. Hay investigadores, como David Bueno, que ya lo están haciendo. Un nuevo campo por el que ser curioso.

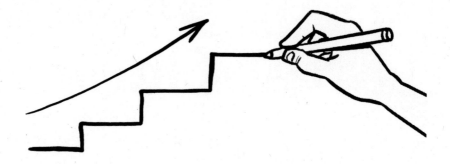

037

Los botones de Napoleón... y los plátanos

¿Qué te parece si te digo que Napoleón perdió la guerra en Rusia por culpa de los botones de la ropa de sus tropas? ¿Y que los primates debemos una parte relevante de nuestra evolución a que nuestros ancestros comían plátanos? ¿O que hay una conexión profunda entre los botones y los plátanos?

Es posible que, solo por el título que le hemos dado, «Los botones de Napoleón... y los plátanos», este capítulo te haya interesado más que los demás. Seguramente te has inquietado por un título tan sugerente, que ha despertado tu curiosidad. Y fijémonos que digo despertado, como si nuestra capacidad de ser curiosos estuviera allí **latente**, en algún lado de la mente, esperando recibir un estímulo, algo atrayente, al que dirigir su atención.

Hay una relación directa entre el atractivo del estímulo y nuestra atención. Ponemos atención a lo que nos resulta atractivo. Para ello, es preciso que exista alguna conexión, un vínculo, entre lo que nos proponen y lo que nos interesa. Si alguien nos propone la respuesta definitiva a lo que es un agujero negro, puede que la propuesta no nos estimule en absoluto porque ese tema no está entre nuestros intereses, por muy bien construida que esté la explicación. Para otra persona, el anuncio del truco definitivo para conseguir que el agua de la acuarela circule por un tipo de papel muy especial es una propuesta irresistible, pero para otros no lo es porque ni siquiera saben de qué les están hablando.

En jugar con esta espera de una respuesta, en esta suspensión de la resolución del enigma que te han planteado, se basa el arte del suspense en una obra literaria o teatral. Es esperando entender qué ha pasado, quién es el asesino, que nos quedamos colgados de una novela o una película policíaca. De hecho, en muchas series actuales se utiliza el denominado efecto *cliffhanger*, que literalmente significa 'poner a alguien colgado con las manos en el borde de un precipicio', para que quieras, desees y no puedas evitar ver cómo continua la historia. Es el momento en el que aparece en la pantalla la promesa del continuará.

En una dirección parecida encontramos a quien domina el arte del titular: una frase que encabeza un artículo, normalmente en un periódico, con una dosis suficiente de atractivo como para estimular que lo leas. Es la diferencia entre un titular directo y uno indirecto. Es lo que se denomina el *curiosity gap* ('la brecha de curiosidad'), que se usa mucho al escribir titulares. Estos deben ser suficientemente específicos para interesar al lector, pero no totalmente específicos como para que el lector no necesite clicar en ellos. Su uso en internet también recibe el nombre de *clickbait*, que podría traducirse por 'cibercebo'.

Y en las redes sociales se usan mucho para generar tráfico. Por ejemplo, «17 hechos que no creerás que son ciertos» o «Una niña de 14 años apuñala a su hermana 40 veces», típico del sensacionalismo.

Obviamente, esta forma de comunicar tiene sus peligros como, por ejemplo, que el nivel de intensidad de la brecha tiene que ir creciendo, cada vez hay que dar un titular más atrevido para conseguir la atención, en especial en esta que se ha convertido en una economía de la atención. Quizás este abuso de la generación de curiosidad desde la sensación extrema esté matando la confianza en la prensa y reduciendo nuestra curiosidad al mismo tiempo.

Bueno, es posible que si has llegado hasta aquí es porque esperas que te resuelva los tres enigmas que daba al principio. Tu cerebro espera la recompensa de la respuesta, que derivará en una pequeña dosis de algún neurotransmisor agradable.

Pues sí, Penny LeCouter y Jay Burreson proponen que una de las causas de la hecatombe de Napoleón en el invierno ruso fue que los botones de las ropas de sus tropas, hechos de estaño, se desintegraron, se convirtieron en un polvo gris, desmenuzado, como consecuencia de las bajas temperaturas. Es decir, que literalmente al ejército se le cayeron los pantalones.

Y sí, alguien ha propuesto que, puesto que los plátanos tienen un alto contenido de potasio 40, un elemento un poco más radioactivo que los que aparecen normalmente en los alimentos, la ingesta de plátanos por los primates podría haber provocado cambios genéticos en su cerebro, y de eso a nuestra especie.

Bueno, te he dado solo una aproximación a la respuesta, algo que también es importante para mantener tu curiosidad. Para que te intereses por hurgar más, en la línea del **goce de la expectativa** que tan bien sintetiza la palabra holandesa *voopret*, a la que dedicamos un capítulo anterior.

Y sobre el último titular que proponía, sobre si hay una conexión profunda entre los botones y los plátanos, la verdad es que no tengo ni idea, pero seguro que es la razón por la que has llegado hasta aquí, aunque no podemos negar que puede que haya alguien en el mundo que centre su curiosidad en resolver la cuestión. La mente humana es así.

038

...

La relevancia de probar cosas diferentes

¿Cuál es la mejor manera de hacerse un experto en algo? ¿Dedicarse solo a la actividad central de la disciplina o ir probando otras actividades de las que eventualmente también aprender? Es decir, ¿cómo avanzamos en el dominio de una disciplina, desde el foco extremo o desde la aproximación en espiral hacia el foco de la misma? ¿Seremos mejores futbolistas porque solo nos dedicamos al fútbol? ¿O la manera de llegar a ser un gran violinista es haber probado diversos instrumentos? ¿Tener un período de curiosidad por diferentes cosas ayuda o impide llegar a ser un gran experto en algo?

Esta pregunta relevante es la que se hace David Epstein en su interesante libro *Range*. Su conclusión es que la amplitud de las experiencias (haber probado diversas cosas) tiene tanto valor como lo tiene la **profundidad** (haberse concentrado en algo concreto). Su conclusión parece que contradice la opinión general de que la **hiperespecialización** es lo que precisa un mundo altamente complejo. Su principal pregunta es: ¿existe una relación crítica entre tener experiencia y ser un experto? Esto es, ¿ser experto en algo deriva de haber tenido mucha experiencia en ese algo concreto?

Aunque el tema no esté resuelto definitivamente, Epstein, basándose en las investigaciones de Daniel Kahneman, nos dice que en muchas actividades humanas, en las que no hay **patrones** que se repiten, la mera repetición no lleva al aprendizaje, a ser experto en el tema. Algo diferente ocurre en las actividades en las que la repetición es fundamental, como el golf: acabas siendo un experto en este deporte porque te has dedicado principalmente a él. La manera de ser un experto en golf es dedicarle años y años, construyendo una larga experiencia.

Esta es una cuestión relevante en términos de la relación futura entre humanos y máquinas. Las máquinas «aprenden» especialmente bien de la repetición, de la búsqueda de patrones, mientras que los humanos aprendemos muchas veces de la **conexión** entre experiencias diferentes, del vínculo que establecemos entre cosas ciertamente distantes. Es lo que se denomina la *paradoja de Moravec*: «las máquinas y los humanos tenemos, frecuentemente, fortalezas y debilidades diferentes». Dicho en términos más técnicos, «contrariamente a las suposiciones tradicionales, el razonamiento requiere muy pocos cálculos, pero las habilidades sensoriomotoras y de percepción requieren enormes recursos computacionales».

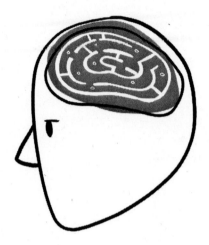

Es por ello que podemos ver un gran potencial de futuro en conectar lo que mejor hacen los humanos con lo que mejor hacen las máquinas. Es un **futuro de aumentación mutua** entre humanos y máquinas. Y parte de lo que los humanos pondremos será, no tengo duda, nuestra capacidad de ser curiosos y de aprovecharla para ver diferente y crear cosas nuevas.

La idea de que los humanos somos más dispersos en nuestros intereses, frente a una máquina incansable que hace algo siempre igual extraordinariamente bien, va en nuestro favor. Algunos estudios muestran que, comparados con otros científicos, los premios nobel son mucho más propensos a hacer actividades «lejanas» a la ciencia,

como teatro, danza u otro tipo de *performance*. Dicho de otra forma, los expertos de más éxito tienen intereses amplios; su curiosidad abarca un espectro que va más allá de su campo de trabajo.

Aplicado a nuestra actual realidad, la extensión de esta evidencia sería que cuanto más expuestos a estímulos diferentes, más probable es que nuestra experiencia abierta nos lleve a convertirnos en expertos en algo. Esto, sin embargo, parece contradecir la impresión que tenemos de que la dispersión del mundo digital atonta, más que ilumina. Pero, claro está, esto habrá que demostrarlo adecuadamente. Por ejemplo, ¿es cierto que los niños de hoy, expuestos a múltiples estímulos sofisticados (recordemos solo las miles de imágenes que reciben cada día) son más buenos determinando patrones y resolviendo problemas que las generaciones anteriores?

El mundo crecientemente complejo necesita personas cognitivamente flexibles. Así, la vida moderna exige que seamos capaces de establecer **conexiones** entre ideas procedentes de dominios lejanos. Necesitamos personas que sepan bailar entre diferentes disciplinas (que se muevan con soltura en las analogías entre mundos), que sepan hacer preguntas potentes y que aprendan a pensar. El mundo requiere tanto de mentes amplias y profundas. Y para todo ello, fundamentalmente, las personas requerirán mimar su curiosidad.

039

Las dos **dimensiones** principales de la curiosidad

En capítulos anteriores hemos visto que hay diferentes tipos de curiosidad. Simplificándolo mucho, podríamos decir que hay dos «especies» diferenciadas de curiosidad: la curiosidad sorpresa (la que nos lleva a decir ¡qué curioso! ante algo que nos sorprende) y la curiosidad búsqueda (la que nos incita a indagar, explorar y querer saber más sobre algo que nos inquieta). De una manera aún más sintética, podríamos decir que tenemos la curiosidad «uau» (sorpresa) y la curiosidad «mmm» (búsqueda).

En los últimos años ha habido diferentes esfuerzos para organizar, de forma más precisa, los diferentes tipos de curiosidad. Uno de los más destacados se lo debemos al psicólogo Daniel Berlyne, que estudió la curiosidad humana en la década de 1950. Berlyne sigue siendo una de las figuras más importantes en el estudio de la curiosidad. Su trabajo se basó en su propuesta de distinguir entre los tipos de curiosidad más comúnmente exhibidos por los humanos y los «no humanos» a lo largo de dos dimensiones:

perceptual versus epistémico y específico versus diverso (Berlyne, 1954). Para simplificar, aquí cambiaremos un poco los términos y hablaremos de la dimensión sensorial-cognitiva y de la dimensión diverso-específica, que mostramos en unas imágenes donde la línea vertical es la dimensión sensorial-cognitiva, y la horizontal, la diverso-específica.

La curiosidad perceptiva o sensorial se refiere a la fuerza impulsora que motiva a los organismos a buscar nuevos estímulos. Esta curiosidad disminuye con la exposición continua; es decir, cuando ves algo cada día, deja de incitar tu curiosidad. La novedad es un componente esencial de esta curiosidad sensorial. Berlyne propuso que esta curiosidad por lo nuevo era «el principal impulsor del comportamiento exploratorio en animales no humanos y, potencialmente, también en los bebés humanos, así como una posible fuerza impulsora de la exploración de los adultos humanos». Todos experimentamos de forma natural la curiosidad sensorial, que se dispara cuando recibimos un estímulo de algo nuevo. Por ejemplo, durante un viaje a China en 2019 pude experimentar

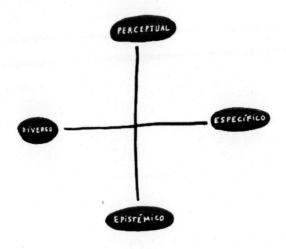

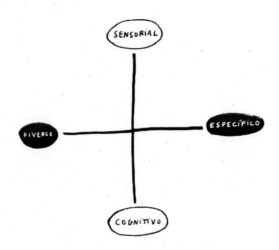

que yo mismo era una fuente de curiosidad sensorial para un grupo de niñas y niños, en una zona más o menos remota, en las montañas de Le Shan, porque seguramente habían visto a pocos occidentales en su vida.

Frente a esta curiosidad sensorial Berlyne propuso la **curiosidad cognitiva o epistémica**, que describió como un impulso dirigido «no solo a obtener acceso a estímulos portadores de información, capaces de disipar las incertidumbres del momento, sino también a **adquirir conocimiento**». Es decir, es una curiosidad que persigue poder llegar a entender algo, no solo a disolver una inquietud puntual que podamos tener. Berlyne describió esta curiosidad cognitiva o epistémica como predominantemente propia de los humanos; de hecho, propuso que su carácter de búsqueda más allá de lo instantáneo es lo que distinguía la curiosidad de los humanos de la de otras especies. Podríamos decir, algo imprecisamente, que la curiosidad cognitiva es una de las características que distinguen a la especie humana. La mayoría de los humanos experimentan algún tipo de curiosidad cognitiva, ese «deseo de conocer» que describió Hobbes («la lujuria de la mente») o el «apetito de conocimiento» en la versión que nos aportó Kant.

La segunda dimensión de la curiosidad que describió Berlyne tiene que ver con la especificidad informativa, esto es, con la cantidad de **foco** que pone el sujeto en algo que incita su curiosidad. La **curiosidad específica** tiene que ver con el deseo por obtener una determinada pieza de información. Por su parte, la **curiosidad diversiva** consiste en el

deseo general de recibir un estímulo, el que sea, sin que exista un foco específico. Según Berlyne, esta búsqueda de estímulos, sean lo que sean, sería típica de los sujetos cuando están en un estado de aburrimiento. En el caso de los humanos, encontramos curiosidad específica cuando deseamos obtener, o recordar, una determinada información; por ejemplo, ¿dónde vi ese edificio?, ¿de qué iba la película que vi hace unas semanas?, ¿quién escribió *Guerra y paz*? Por su parte, la curiosidad diversiva es la que experimentamos cuando buscamos algo que nos incite, que nos estimule, que nos saque del aburrimiento, o peor, del tedio o la rutina. Me acuerdo, por ejemplo, del clamor por recibir imágenes, las que fueran, que me reclamaba un amigo tras su vuelta durante dos años en una zona bastante remota de África.

Encontramos tanto curiosidad específica como diversiva también en distintos animales. Así, según diferentes estudios que recopilan Celeste Kidd y Benjamin Y. Hayden en un artículo síntesis sobre la psicología y la neurociencia de la curiosidad, «los monos exhiben una fuerte curiosidad específica cuando resuelven acertijos mecánicos, incluso sin comida ni ningún otro incentivo extrínseco», mientras que «las ratas exhiben una curiosidad diversiva cuando, sin ninguna tarea explícita, prefieren explorar secciones desconocidas de un laberinto».

Finalmente, podemos describir, como se ve en la siguiente imagen, cuatro ejemplos de situaciones en que la curiosidad emerge en los humanos.

040

...

El rol
de la oblicuidad

Imaginemos que tenemos que cruzar un río, un río que está en frente nuestro y que debemos superar para llegar al otro lado. ¿Qué hacemos? Si consultamos un mapa de la zona y olvidamos la obstinada realidad, se nos podría ocurrir que hay una solución fácil, en línea recta: podríamos cruzar el río nadando o pegando un gran salto. Más atrevida aún es la solución de acudir a una plataforma *online*, de esas que lo resuelven todo inmediatamente, y comprar un puente de instalación instantánea, esperar a que nos lo traigan y lo instalen en unos diez minutos. Bueno, obviamente sabemos que estas no son soluciones reales, y que lo más inteligente es mirar de nuevo el mapa y ver dónde está el siguiente puente, y llegar hasta él para pasar cómodamente.

El ejemplo parece trivial, pero nos ayuda a ilustrar una idea que me parece muy relevante en el contexto de la curiosidad humana. Difícilmente encontramos soluciones a nuestros problemas enfrentándonos a ellos de cara. Es decir, una aproximación brutalmente directa acostumbra a no llevarnos a ningún lado. Son las aproximaciones oblicuas, las que se centran en conseguir el resultado esperado (el *outcome*) más que en resolver el aparente problema (el *output*), las que acaban funcionando.

Sobre la importancia de la oblicuidad en el pensamiento humano trata un fantástico libro del economista británico John Kay, cuyo título en inglés, es, claro está, *Obliquity*. El libro argumenta de múltiples formas cómo los objetivos de los humanos raramente se consiguen atacando los problemas de forma directa. Un ejemplo muy fino que utiliza al comienzo del libro es cómo para poder llevar los barcos del Pacífico al Atlántico, del oeste al este, es decir, para dar a los barcos norteamericanos una línea más corta de San Francisco a Nueva York sin tener que circunnavegar todo el continente sudamericano, se pensó en construir un canal en el istmo de Panamá. Pero lo curioso es que se tuvo que abandonar la idea de trazar ese canal en línea recta de oeste a este porque un canal más al sur, que corriera de este a oeste, era más fácil de construir y más barato, ya que aprovechaba una línea de lagos naturales. Este es, obviamente, el canal que finalmente se construyó.

Esto es, para ir del oeste al este se acabó construyendo un canal del este al oeste que después permitiera ir más fácilmente hacia el este. Es decir, se fue del oeste al este de forma oblicua, no directa. Un buen ejemplo de que afrontar un problema obstinadamente de frente puede no ser la mejor manera de intentar resolverlo.

En el libro Kay explica otros ejemplos ilustrativos: cómo la gente más feliz no es la que se propone ser feliz, sino la que simplemente consigue serlo porque hace cosas que le dan sentido; o cómo las empresas más rentables no son las más orientadas u obsesionadas en los beneficios, sino aquellas que tienen una misión muy clara, con un claro impacto en la gente y la sociedad, cuyo cumplimiento persiguen con decisión. Así, una empresa farmacéutica no tiene éxito porque se enfoca solo en ganar dinero, sino porque cumple su misión de generar soluciones para las enfermedades de los humanos. Esto es, Kay muestra ejemplos de cómo la **pasión** por una misión deriva en mejores resultados que la **obsesión** por los meros beneficios.

Si esto es cierto, que no estoy seguro de que lo sea, la conclusión, tanto para las personas como para las empresas, podría ser que no sirve de mucho planificar en exceso, sino que lo que resulta útil es marcarse unos **objetivos macro** (yo los denomino *horizontes*) e ir adaptando nuestras acciones a las circunstancias que vivimos para conseguir, lo mejor que podamos, cumplir esos objetivos de alto nivel. Dicho de otra forma, como dice Kay, las complejas relaciones entre los objetivos, planes y acciones requieren de perspectivas oblicuas, más que de aproximaciones directas (frontales).

John Kay nos advierte de que los problemas de los humanos a lo largo de la historia raramente se han resuelto desde el diseño y la intención, sino que lo han sido gracias a la suerte y la improvisación. Es decir, el mundo es demasiado complejo para poder resolverlo de forma totalmente racionalizada. No podemos calcularlo todo. Podemos hacer modelos, intentar simplificar la realidad con un número controlable de variables, pero la realidad es tozuda y acabará comportándose de formas que seguro que no habremos podido imaginar. «Las cosas simplemente pasan» y la mayoría de las veces no podemos entender la relación entre los resultados y los procesos.

Desde el punto de vista de la curiosidad, la conclusión que podemos aportar es que, visto que puede que no haya un enfoque claro ante una determinada situación, lo más útil es explorar en **diferentes direcciones**, combinar perspectivas de orígenes insólitos, acumular conocimientos aparentemente dispersos que pueden acabar combinándose en la mente de algunos humanos en forma de una solución inesperada, fruto de la inspiración que fertiliza lentamente en sus cerebros. La forma de resolver un problema complejo quizás sea traducirlo en un conjunto de objetivos intermedios que puedan ser tratados de forma más exitosa. Mentes curiosas que exploran en espectros abiertos, que se inspiran con estímulos de orígenes muy diferentes, puede que acaben encontrando una solución que ningún ordenador, ninguna inteligencia artificial, puede encontrar, simplemente porque, por ahora, «los ordenadores saben trabajar las rutinas, los programas, pero no saber trabajar oblicuamente».

041
• • •

La curiosidad morbosa ¿Existe una curiosidad mala?

Los que estamos entusiasmados por los efectos positivos de la curiosidad, en nuestra mente y en nuestra salud en general, tendemos a no preguntarnos si hay una curiosidad mala, con potenciales efectos negativos. Mientras que para los griegos y los romanos la curiosidad, el interés por saber, por el simple placer de comprender, era algo claramente bueno, para la Iglesia católica la curiosidad fue durante siglos más bien vista como un pecado, una actitud arrogante, de soberbia. ¿Quién es el humano para preguntarse sobre la obra de Dios, cuando lo que debe hacer una persona pía es simplemente admirarla? ¿Quién tenía más razón, Aristóteles o San Agustín?

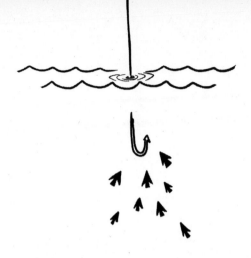

Como he dicho, los creyentes en la bondad de la curiosidad puede que lo tengamos claro: la curiosidad es buena. Pero ¿cómo podemos explicar la existencia de cierta curiosidad morbosa que se interesa por cosas escabrosas, horrorosas, indecentes (sea lo que sea lo que esto quiera decir) o incluso peligrosas? ¿Por qué atraen a tanta gente las películas de terror? ¿Por qué una gran parte de las series de éxito tienen que ver con crímenes, violencia, asesinos en serie o con análisis forenses sazonados de imágenes *gore* endulzadas con la presencia de jóvenes científicas superbellas? ¿Por qué la música con textos violentos, machistas o incluso sospechosamente cercanos a lo criminal, en el *heavy metal*, el rap o incluso el reguetón, tiene tantos seguidores? Más aún, y algo que no entiendo, ¿por qué gusta tanto a la gente meterse en un *escape-room*, y cuanto más inquietante mejor? Finalmente, ¿no nos paramos todos en la autopista para ver cómo ha ardido ese camión que ha generado esa cola imposible?

Al parecer, el estudio de la curiosidad morbosa está justo en sus inicios. Los que empiezan a estudiarla la definen de diferentes, pero convergentes, formas: «un interés por fenómenos peligrosos o amenazantes», «la sensación de no querer mirar algo que intuimos como horrible pero que finalmente no podemos dejar de mirar» o «la motivación a buscar información sobre fenómenos peligrosos», entre muchas otras. Se me ocurre describirla como nuestra tendencia normal (humana) a poner «atención en lo macabro». No todos tenemos el mismo nivel de curiosidad morbosa; por ello, uno de los pioneros en su estudio, Coltan Scrivner, ha desarrollado una «escala de la curiosidad morbosa», en la cual puedes medirte adecuadamente.

Nos puede la curiosidad, aunque nos avisen de que nos dolerá...

Uno de los aspectos más interesantes que se está descubriendo sobre la curiosidad morbosa es que sus fans, a los que les gusta declaradamente (esos que no se pierden los estrenos de las películas de terror de las que yo no puedo ni ver los pasquines), derivan resultados psicológicos positivos de su afición: en lugar de indicar una psicopatología, ver esos contenidos les calma, porque diferencian muy bien lo que ocurre en el mundo imaginario y en el mundo real. Es como si ver tanta maldad en la pantalla (o escuchar letras violentas) tuviera como efecto valorar más la bondad que pueden reconocer en su vida normal. Es decir, ver lo malo que puede ser el mundo te ayuda a reconciliarte con el mundo que te ha tocado vivir. Esas fuentes de información les permiten entender el dolor, la violencia o incluso la

crueldad en un contexto seguro, con implicaciones mínimas en el mundo real.

También se han estudiado las características de los curiosos morbosos. Sin entrar en detalles, sí destacaré que uno de los tres rasgos más identificativos es su rebeldía social: son personas que tienden a rechazar, no aceptar, las normas sociales habituales. Es decir, el curioso morboso encuentra en lo macabro una forma de reírse de la mojigatería del orden social establecido. Otra cosa muy diferente es el estudio de las mentes criminales, en algunas de las cuales encontraríamos una curiosidad letal por infligir daño a otros humanos. Sin duda, esta sí que sería una curiosidad realmente mala.

En otra línea, ¿no es justamente el uso de titulares negativos, a menudo apocalípticos, una de las formas más establecidas de llamar la atención en las redes sociales, lo que en inglés se denomina *click-bait*? ¿No nos llaman más la atención las noticias negativas que las positivas? ¿Las conspiraciones, las predicciones nefastas, el mundo que se acaba?

Finalmente, hay quien está estudiando cómo domina en nuestro cerebro las ganas de tener respuestas, como sea, frente a la prudencia que nos debería gobernar. Dicho de otra forma, ¿por qué los humanos abrimos constantemente cajas de Pandora, aunque sepamos que el resultado de abrirla nos va a hacer seguramente daño? Pues bien, dos psicólogos, Hsee y Ruan, han demostrado con experimentos reales que «las personas son más propensas a abrir una caja cuando no saben que hay en ella, pero esperan que sea negativo, que cuando saben lo que encontrarán, sea neutro o negativo». Esto es, nos puede la curiosidad. Aunque recibamos una descarga eléctrica al abrir la caja y nos hayan avisado de que nos ocurrirá, la abrimos. Y estos autores nos avisan del peligro de esta tendencia humana en una era de ciencia con una capacidad transformativa sin precedentes. Porque, aunque sabemos que jugar con la genética humana puede ser peligroso, ¿alguien duda de que lo haremos de formas potencialmente más macabras de lo que a los guionistas de terror se les pueda llegar a ocurrir?

En fin, ¿no ha sido el título oscuro de este capítulo, «La curiosidad morbosa», justamente lo que te ha llevado a leerlo?

042

La curiosidad y
el conocimiento

¿Existe la curiosidad en una mente vacía? Es decir, ¿tengo curiosidad por algo de lo que no tengo ni idea? Por poner un ejemplo drástico, ¿puedo tener curiosidad por cómo mejorar mi caligrafía china si no tengo ni idea de la lengua, ni de sus ideogramas, ni de nada que tenga que ver con China? Por extraño que parezca, esta es una pregunta muy relevante en términos de curiosidad y, en especial, resulta crítica para entender cómo podemos transformar nuestros modelos educativos.

Quizás este lío empezó con Rousseau cuando, en su libro sobre educación, *Émile*, escribió que «la curiosidad natural de un niño es el único maestro que necesita». Con ello ponía un acento extremo en la abertura de la mente que se produce cuando un humano se interesa por algo, lo que la neurociencia parece ya haber demostrado. Aprendemos más y mejor, y lo aprendido dura más (en la memoria) si aquello que aprendemos nos interesa. Pero lo que algunos investigadores ponen ahora en cuestión es que un niño (o niña) pueda aprender solo (o sola). Es decir, que el interés, las ganas, la curiosidad o aprender por tu propia experiencia no es suficiente.

Y, a pesar de que su charla en TED es una de las más vistas en YouTube, hay quien también se atreve a poner en cuestión las propuestas de Ken Robinson, en las que pone en jaque la transmisión de conocimientos, y de hechos y datos, en las escuelas porque adormecen la creatividad de los alumnos (el título de su charla más famosa es «¿Las escuelas matan la creatividad?»). Este es el caso de Ian Leslie, cuyo fantástico libro *Curious* es una excelente recopilación, bien documentada y muy crítica, con el *statu quo* de lo que hoy se propone como revolución educativa, basada en el estímulo de la creatividad, de la curiosidad, sustituyendo a la forma convencional de transmisión de conocimiento. De hecho, hasta Negroponte ya lo dijo: «El conocimiento es obsoleto», o más exactamente, «Puede que vayamos a un futuro en el que el conocimiento sea obsoleto». Esto es, un futuro en el que, como él sugirió, nos podríamos

Estimular a
preguntarse

el aprendizaje de las nuevas generaciones.

Obviamente, de cómo se lleva a cabo esa alimentación dependerá que el niño aprenda o no. Un maestro puede dedicarse solo a transmitir datos, sin ponerlos en contexto, sin indicar por qué es importante conocerlos. Esto es, puede actuar como un mero Google con aspecto humano dando respuestas a preguntas que el alumno no se ha hecho. O, por el contrario, puede dejar de partir de presunciones, de suponer que algo es importante porque sí, y **demostrar** a los alumnos por qué es importante preguntarse sobre ello, incitando, excitando así, su curiosidad.

tomar una pastilla y, de golpe, saber francés sin haberlo tenido que estudiar.

Pero mientras no llega ese futuro, lo que la neurociencia sabe hoy es que los humanos aprendemos de otros humanos; ya sea de nuestros madres y padres, o, y muy importante, de nuestros profesores y profesoras. Más aún, los humanos aprendemos de lo que generaciones y generaciones anteriores han aprendido. ¿Nos podemos imaginar que cada día, cada humano, tuviera que descubrir cómo hacer fuego? ¿O que cada día te tuvieras que preguntar cómo demostrarte que la Tierra es redonda? (sí, lo siento, lo es). Dicho de otra forma, la insaciable voluntad de aprender cosas nuevas de un niño, su hambre por saber, desaparece si no se le alimenta. Y la **cultura**, el conocimiento acumulado por los humanos, es importante para facilitar

Por ejemplo, una profesora de Historia puede presentar la Revolución francesa como un simple hecho histórico del que hay que saber para no quedar en ridículo en un entorno de personas más o menos cultas, o puede presentarla como un cambio fundamental en la forma de organizarse políticamente de los humanos, o al menos, como un intento más para conseguirlo.

En su libro, Ian Leslie propone que «el conocimiento es importante» para la curiosidad. Conocer cosas alimenta el cerebro, de forma que esos átomos de ideas y experiencias puedan combinarse para crear nuevas ideas. Así, el futuro de la educación se debería basar, opina, en la

combinación de curiosidad y conocimiento. Se trataría de estimular la curiosidad, de hacerse preguntas significativas sobre el mundo que nos rodea, y sobre nosotros mismos, y de alimentar la mente con conocimientos (qué sabemos como especie, la experiencia de nuestros padres, profesores, ancestros, etc.) que se combinen de formas nuevas y creativas. La creatividad «no ocurre en el vacío», nos dice Leslie. Los artistas e inventores de éxito construyen sobre grandes cantidades de conocimiento acumulado en su mente. Por lo tanto, para estimular tu curiosidad, aprende sobre muchas y diversas cosas. Construye tu base de datos para que tu mente, consciente o inconscientemente, pueda jugar a combinarlos de nuevas formas, para contribuir así al progreso de la humanidad.

Aprender de los demás

043

Estimular equipos curiosos

En esta obra hemos demostrado, o eso creo, que la curiosidad es relevante. La pregunta que todo ello genera es ¿cómo mejoro mi curiosidad, o la de mis equipos o empresa? Esta será una pregunta crecientemente importante para las organizaciones. Los entornos crecientemente complejos exigirán buscar respuestas nuevas a nuevos problemas, y eso no será posible sin enormes cantidades de curiosidad, tanto individual como colectiva.

No es de extrañar, pues, que ya estén apareciendo manuales sobre cómo crear, facilitar o alimentar una cultura de la curiosidad en una organización. Uno de los más interesantes es el texto *Workplace curiosity manifesto*, de Stefaan van Hooydonk.

Este experto en organizaciones que aprenden muestra, con muchos ejemplos, cómo las empresas curiosas lo tienen mejor de cara al futuro que las empresas «incuriosas» (si se me permite utilizar aquí este neologismo). Presenta casos como los de Novartis, Merck y Zurich, en los que se desarrolla un entorno que favorezca y estimule la curiosidad. Se trata de que los empleados que ya son de por sí curiosos encuentren un entorno que agradezca que lo sean, de manera que con ello contagien a los que quizás lo son menos por naturaleza. Es decir, si la curiosidad es un 50 % naturaleza (*nature*) y un 50 % entorno (*nurture*), se trata de que ambas tipologías se refuercen para el beneficio del sistema. Se trata de que los curiosos por naturaleza, los que ponen en cuestión cómo hacemos las cosas, y con cuya actitud aprenden más y más rápido, estimulen la curiosidad en la organización mediante su ejemplo a los demás, creando con ello una organización que llegue al éxito multiplicando curiosidad por **eficiencia**. Empleados curiosos, contentos por descubrir lo nuevo, estimulan a los menos curiosos, que pueden caer fácilmente en la aburrida rutina.

Un importante resultado de las investigaciones hechas en los últimos años sobre qué hace curioso a un equipo es que la curiosidad de un grupo no es la mera suma de las curiosidades de sus individuos. Lo demostró, por ejemplo, el proyecto Aristóteles en Google. La curiosidad de un equipo no es la **suma** de sus

SENSORIZAR EL MUNDO

individualidades, sino que la creación de un entorno, de un contexto que facilite la curiosidad, hace que un equipo se muestre más receptivo, más favorecedor, de la curiosidad. Es como si la curiosidad de un equipo fuera el producto de la suma de las curiosidades de sus miembros, por un factor multiplicativo que saque partido de las potenciales conexiones entre ellos.

Así, podríamos aventurarnos a dar algunos consejos sobre algunas acciones a realizar para aumentar la curiosidad en una organización:

Crear un clima propicio donde mostrarse curioso sea bien recibido. Hacer de compartir con el equipo lo que estimula tu curiosidad un valor de la organización.

Mostrar periódicamente cómo va cambiando el mundo, sensorizándolo. Es decir, hacer que la organización sea consciente del mundo en el que vive y no se ancle en una visión falsamente estable.

Definir procesos facilitadores. Por ejemplo, establecer momentos a lo largo del año en los que cada persona pueda explicar lo que sabe de aquello que pica su curiosidad, ya sean los muebles antiguos o los discos de vinilo

de Frank Zappa. No importa el tema, sino la pasión por él. Además, nunca podemos saber cómo un conocimiento sobre algo concreto puede acabar repercutiendo sobre un tema aparentemente lejano. Que cada persona sea el embajador de un tema curioso.

Reforzar la curiosidad por los demás. Por ejemplo, poniendo en relevancia intereses o capacidades que no tienen que ver con el trabajo. Esa persona que tiene en su mente las mejores rutas en bicicleta o que sabe cuál es la mejor bicicleta eléctrica, o aquella que es experta en la recreación de batallas antiguas, que lo expliquen a los demás y que la organización se enorgullezca de sus habilidades en este foco.

Mantener un cuadro de mando de las buenas preguntas que surgen en los debates. A veces estas preguntas aparecen sin esperarlas, son fundamentales para el futuro, pero como estamos centrados siempre en encontrar respuestas, no les damos importancia. Las buenas preguntas, las preguntas bonitas, son un activo de la organización y las deberíamos tener siempre muy presentes en un cuadro de honor colectivo.

Identificar a los curiosos y darles ancho de banda para celebrar que los tenemos. Para ello podemos utilizar distintas herramientas existentes de diagnóstico, como explicamos en otro capítulo. Los curiosos son energía para

CELEBRAR A LOS CURIOSOS

el progreso de la organización, y es una suerte contar con ellos.

Invitar a profesionales que viven de su curiosidad para que compartan sus inquietudes. ¿Cómo piensa y trabaja un artista o un científico?

Cambiar de función a las personas periódicamente para evitar que caigan en la rutina, supereficiente pero poco resiliente.

Explicar qué es la neuroplasticidad del cerebro humano y cómo este está siempre dispuesto a aprender, cómo lo agradece y, de hecho, cómo nos da salud con ello.

Todo ello resulta más fácil de lo que pensamos, y empieza por un CEO que sea curioso y lo demuestre de manera clara. Alguien que sea *future-ready* y que escuche atentamente a quien le viene a explicar algo nuevo, ya sea alguien de dentro o de fuera de la organización. Alguien que sea, pues, intencionalmente curioso. Alguien que sepa que después de un mercado de éxito llega inevitablemente la parte plana de la curva en «S», en la que hay que buscar otro producto o mercado, susceptible de volver a crecer, hasta la siguiente «S».

Algunas empresas, como Merck, lo han entendido claramente, como se demuestra en su lema: «*Curious minds dedicated to human progress*».

Van Hooydonk considera que este será el siglo de las ideas, de la innovación más sistemática de la historia. Si eso es cierto, o eres curioso o no tienes ningún futuro.

044
...

Una niña que se hace preguntas... relevantes

La curiosidad búsqueda, la que va más allá de la mera sorpresa, se construye desde las preguntas. Hacerse preguntas, buscar el porqué, es la fuente de los procesos de curiosidad. Por naturaleza, las niñas y los niños se hacen montones de preguntas, sobre todo tipo de cosas y situaciones, aunque sabemos que esa curiosidad decrece conforme pasan por el proceso educativo; es como si, al nutrirles de montones de respuestas, la infancia perdiera el interés por hacerse preguntas.

Por ello es importante aportar maneras para que se hagan preguntas. En este sentido, hace un tiempo lanzamos el proyecto *Ona Curiosona*, un cuento para niñas y niños en el que una niña inquieta, *Ona*, se hace preguntas sobre problemas que hay a su alrededor, cada día, tanto en casa como en la calle, en el colegio…

El libro está disponible en 35 lenguas en la web *whatifona.com*. Desde el inglés al chino, pasando por el euskera, el bable, el aranés, el ruso, el ucraniano… La necesidad de estimular la inquietud de los más pequeños es global. Si sumáramos las personas que hablan alguna de las lenguas en las que tenemos traducido el libro, llegaríamos a más de 4.500 millones de personas. Lo he calculado.

Por ejemplo, Ona se empieza preguntando qué pasa con toda el agua que se pierde en su ducha esperando a que salga caliente. ¿Qué debe hacer el monstruo de las cañerías con toda esa agua? ¿Cómo se podría resolver?

O ¿por qué hay tantos chicles enganchados en las aceras de las calles? ¿A nadie se le ha ocurrido una solución?

Ona también se pregunta ¿cómo puede ahorrar de manera más fácil para poder comprarse un telescopio?; ¿tiene que esperar a ser mayor para ir al banco?, ¿no hay más solución que el cerdito de las monedas?, ¿a nadie se la ha ocurrido un «banco para niñas»?

La verdad es que algunas de las preguntas quizás son demasiado

Preguntas

algunas madres o padres han hecho, maravillados de la sutileza de esas preguntas. Pero es una herramienta que facilitamos para que las escuelas de todo el mundo exploren el potencial cuestionador de sus alumnos.

En un mundo en el que podemos esperar máquinas inteligentes que hagan trabajos que hasta ahora solo hacíamos los humanos, nuestra única opción es, simplemente, **ser humanos**. Y eso empieza por hacerse preguntas que lleven a ese extraordinario y fascinante proceso de generar ideas que se conviertan en cosas hechas con nuestras manos.

No hay futuro para los humanos, un futuro que valga la pena, sin la creación, sin la curiosidad convertida en un impacto en el universo. Algo nuevo, que antes no existía, por pequeño que sea. Nuestra contribución a iluminar la oscuridad del tiempo. Por todo ello, bienvenidas sean todas las maneras de estimular que nuestras niñas y niños se hagan preguntas. ¡Bienvenida, Ona!

complicadas como para imaginarlas hechas por un niño o niña, pero al escribir el libro escogimos justamente preguntas relevantes, no triviales u obvias, para liberar a Ona de la excesiva infantilización con la que se tratan muchas cuestiones que tienen que ver con la inteligencia infantil. Las niñas se preguntan cosas muy sutiles, lo que cualquier padre ha experimentado cuando no ha sabido cómo responder adecuadamente. Hay que **dignificar la curiosidad infantil**, mostrando que su inquietud ante el mundo es de gran calado, a veces muy superior a la de muchos adultos.

Ona Curiosona es solo un ejemplo de muchos textos que van en la misma línea, algunos elaborados a partir de la recolección de preguntas que

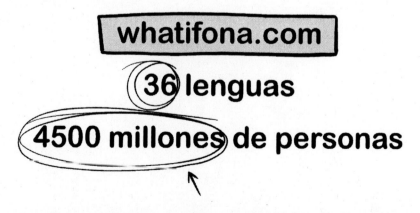

whatifona.com

36 lenguas

4500 millones de personas

045

• • •

Curiosidad
e intuición

Muchos humanos estamos acostumbrados a pensarnos como seres racionales, construidos básicamente sobre nuestra inteligencia. Los más racionales tendemos a creer que el pensamiento es un proceso comprensible, incluso susceptible de ser realizado por una máquina, de ahí ese miedo creciente por la inteligencia artificial. Pero investigaciones realizadas en las últimas décadas, como las de Kahneman, muestran cómo nuestra mente es una mezcla de racionalidad y emocionalidad, y que tendemos a responder a los estímulos que recibimos primero desde la emocionalidad, desde el cerebro «rápido».

Una capacidad que me sorprende especialmente de la mente humana es la **intuición**, que podríamos definir como «la habilidad de entender algo inmediatamente, sin tener que razonar conscientemente». Otra definición, la del *Cambridge English Dictionary*, dice de ella que es «la habilidad de conocer o entender algo rápida e inmediatamente, basándose solo en sentimientos *(feelings)*, *más que en hechos*». Por ello, la intuición es una de esas capacidades que es más

fácil **experimentar** que explicar. Uno intuye, sin más, sin poder explicar por qué lo hace. Es, quizás, el resultado de una experiencia acumulada, de la vida vivida con anterioridad. Ante una situación difícil de discriminar con el razonamiento, intuyes en qué puede derivar. Obviamente, el resultado de la intuición puede que no sea positivo, es decir, puede que nos equivoquemos al hacerlo, pero en las situaciones en las que no podemos depender del pensar, intuir es una actitud bastante útil.

Hay quien dice que la intuición es la «más alta forma de inteligencia». Así, en su libro *Gut feelings: the intelligence of the unconscious*, Gerd Gigerenzer dice que la intuición no es algo irracional, una forma de tomar decisiones a la ligera, sino que, ante una determinada situación, la intuición conllevaría una rápida **revisión** de las experiencias previas

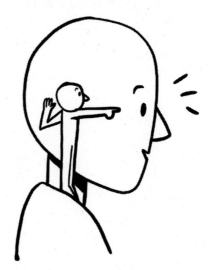

En este sentido, la combinación de intuición, pensamiento y experimento sería una sofisticada y elaborada forma de inteligencia. Así, si uno solo sigue el camino de la razón, podría no llegar muy lejos. Puede que la frase se le atribuya incorrectamente, pero se dice que Einstein opinaba que «la mente intuitiva es un regalo sagrado y la mente racional es un sirviente fiel. Hemos creado una sociedad que honra al sirviente y ha olvidado el regalo».

que uno ha tenido y una **concatenación** de la situación ante la que nos enfrentamos con el **conocimiento** que tenemos de situaciones anteriores. La mente determina entonces qué hacer, sin pensar racionalmente, y es más tarde, tras tomar la decisión, que uno compara la decisión instintiva con el resultado y ve si ha sido o no una buena elección. Parece que Malcolm Gladwell se inspiró en investigaciones como las de Gigerenzer para escribir su libro *Blink*.

Todos hemos vivido la experiencia de tener una **corazonada**, creer algo firmemente, «saber» que algo es cierto sin tener ninguna prueba de ello. Posiblemente, la mayor prueba del valor de estas «intuiciones» la encontramos en el **enamoramiento**: cuando te enamoras de alguien, intuyes que es «la» persona, no te pones a calcular a partir de los datos que recopilas; al menos la mayoría de la gente no lo hace. La intuición es tan poderosa que nos lleva a menudo a decir aquello de «debería haber seguido mi intuición».

...debería haber seguido mi intuición

Combinar la intuición (saber sin pensar) y la razón (saber porque piensas) aumentaría la posibilidad de acertar en lo que haces. En resumen, Gigerenzer dice que la intuición más acción es igual a **inteligencia**. Cuando uno más aprende, porque piensa para poder entender, más bases construye  para su intuición. Y cuanto mejor es tu intuición, más puedes usarla para guiar de formas originales tu respuesta ante la diversidad de situaciones ante las que te enfrentas.

En términos de curiosidad, la intuición puede que nos ayude a determinar **en qué** poner la atención, lo cual será especialmente relevante en un entorno de exceso de información. Escoger bien en qué decides centrarte, en qué focalizas tu atención, qué llama tu atención, sobre todo para poderte centrar a investigar más sobre ello, puede que dependa de tu intuición entrenada. De hecho, hay muchos artículos que dan consejos para mejorar la intuición.

Tenemos, por tanto, mucho que aprender sobre cómo aplicar nuestra intuición para detectar en qué ser curioso, para alimentar con ello nuestro conocimiento, y ser más felices con todo ello.

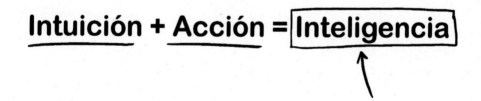

Intuición + Acción = Inteligencia

046

La curiosidad
en los
animales

Durante la elaboración de este libro sobre la curiosidad humana nos hemos encontrado en diversas ocasiones con la pregunta de si la curiosidad es exclusiva de los humanos. Y cuando este tema ha salido, la inquietud general se ha alineado hacia la idea de que muchos animales son muy curiosos. Incluso se han elaborado listas de animales según su grado de curiosidad, que lideran los gatos, perros, monos, pingüinos y, curiosamente, las jirafas. También se han citado experiencias con gatos y perros que se sorprenden ante cosas que aparecen ante ellos y que muestran una cierta actitud de querer explorar. Pero ¿esto es curiosidad?

Aunque hay que investigar mucho más sobre este tema, parece que existe una curiosidad en los animales derivada de su impulso por la **supervivencia** y la **reproducción**. Lo que denominamos, de manera algo laxa, instinto, los lleva a ser curiosos para buscar alimento, evitar a los depredadores, aparearse y cuidar de la progenie.

Pero expertos como Richard Byrne nos dicen que la curiosidad, entendida en un sentido más amplio, aporta beneficios a los animales. En términos muy generales, tener información es poder, y esto también se aplicaría a los animales. Otra cuestión es si el resultado de esa curiosidad se almacena en sus cerebros, en forma de qué, cuándo y dónde ocurrió algo, de manera que algún tipo de memoria les permite responder a una necesidad acudiendo a una experiencia previa. Y mucho más inquietante es preguntarse si algunos animales tienen la capacidad de preguntarse sobre el cómo y el porqué. De hecho, algunos expertos nos dicen que la gran diferencia entre los humanos y los animales está en la curiosidad que deriva en preguntarse ¿por qué?, esa voluntad de saber más, de profundizar en las razones de las cosas. Hoy en día no sabemos si hay un por qué en los animales, pero sí parece claro que hay animales que muestran interés por lo que les rodea.

En un capítulo anterior ya comentamos que encontramos tanto

Qué

Cuándo

Dónde

curiosos. Esto es, la necesidad de adaptarse rápidamente a un entorno diferente incita o premia comportamientos curiosos de esos animales.

Parece que la historia de los estudios sobre la curiosidad animal es casi tan larga como la historia del estudio de la curiosidad humana. Ivan Pavlov escribió sobre el comportamiento de orientación espontáneo de los perros hacia nuevos estímulos (lo que denominó *reflejo «¿qué es?»*) como una forma de curiosidad. A mediados del siglo XX, el comportamiento exploratorio en animales comenzó a fascinar a los psicólogos. Algunos **conductistas** consideraron la curiosidad como un impulso básico, renunciando efectivamente a proporcionar una causa. Harry Harlow, el psicólogo mejor conocido por demostrar que los monos *Rhesus* bebés prefieren la compañía de una madre sustituta suave, de ropa, a la de una madre desnuda, se refirió a la curiosidad como un impulso básico en sí mismo, un «motivo de manipulación», que impulsa a los

curiosidad específica como diversiva en distintos animales. Así, según diferentes estudios que recopila Kidd sobre la psicología y la neurociencia de la curiosidad, «los monos exhiben una fuerte curiosidad específica cuando resuelven acertijos mecánicos, incluso sin comida ni ningún otro incentivo extrínseco», mientras que «las ratas exhiben una curiosidad diversiva cuando, sin ninguna tarea explícita, prefieren explorar secciones desconocidas de un laberinto». Según Byrne, los animales «generalistas», cuyas predisposiciones genéticas les permiten adaptarse bien a entornos nuevos o cambiantes, como las ratas, que con el tiempo han aprendido a vivir en nuevos entornos, como el metro y las cloacas de las grandes ciudades, tienen más probabilidades de exhibir comportamientos considerados

Cómo

Por qué

organismos a involucrarse en un comportamiento de resolución de acertijos que no implica una recompensa tangible.

Distintas experiencias demuestran que hay animales con altas capacidades cognitivas. Por ejemplo, perros que aprenden el significado de decenas de palabras y saben cómo usarlas pulsando algún tipo de teclado. Ello lleva a investigar la relación entre la curiosidad y la inteligencia. Todo cerebro vivo es curioso, no es estático ante el entorno, pero la cuestión es si existe una **relación de causalidad** entre la curiosidad y la inteligencia. ¿La inteligencia causa curiosidad o es la curiosidad la que causa inteligencia?, ¿o ambas son creadas por algún factor desconocido? Parece ser que la curiosidad tiene el efecto de generar experiencias novedosas que conducen al aprendizaje y, por lo tanto, mejoran la competencia mental. La alta competencia mental, a su vez, alimenta la curiosidad, porque proporciona los medios para

manipular el mundo y descubrir cosas nuevas. Incluso…, ¿puede que algunos animales sean curiosos para ser más felices?

Porque hoy vamos incluso más allá y nos preocupamos sobre si los animales tienen sentimientos y emociones, o si tienen memoria de las experiencias vividas. ¿Son seres que sienten? ¿Tienen conciencia de sí mismos? Parece que muchas especies tienen más en común con los humanos de lo que creíamos. Es muy probable que ello genere interés por investigar sobre la curiosidad animal, para contribuir con ello a entender más la curiosidad humana.

047

El poder de las preguntas

A estas alturas ya debería estar claro que las preguntas «abren» mientras que las respuestas «cierran». Las preguntas incitan la búsqueda de nueva información, la superación del conocimiento que ya tenemos, el cuestionamiento de lo que ya sabemos. Y las respuestas, en cambio, responden a la inquietud, y tendemos a pensar que las buenas respuestas son las que reducen la incertidumbre, aunque hay respuestas que ayudan a ampliar la complejidad de la pregunta inicial, dándonos a entender que aquella no era tan trivial como imaginábamos.

Desde el punto de vista de una organización, hacerse preguntas genera **valor**, porque impulsa nuevos aprendizajes, estimula probar cosas nuevas, lo que resulta fundamental para innovar, y ayuda a trabajar mejor, afinando los procesos en la búsqueda permanente de mayor eficiencia y productividad. Pero algo menos valorada es la capacidad de las preguntas para generar en la organización **conversaciones** de mayor calidad que aumenten la confianza mutua, y con ello aumente la calidad general del trabajo que se lleva a cabo. Esto es, resulta interesante ver las preguntas como un instrumento para **afilar** la organización, para alinear las capacidades de los individuos desde la comprensión de las capacidades de los demás y de los retos comunes.

En un artículo relevante sobre este tema, Allison Wood Brooks y Leslie K. John proponían el «sorprendente poder de las preguntas» en las organizaciones. Su tesis principal es que las preguntas llevan a una mayor interacción entre los humanos, lo cual facilitaría el descubrimiento de nuevo conocimiento. Para ello, sin embargo, hay que aplicar técnicas concretas para que las preguntas tengan su

PREGUNTAS COOPERATIVAS

PREGUNTAS COMPETITIVAS

efecto. Es decir, el poder de las preguntas no deriva trivialmente de hacerlas, sino de hacer las **preguntas correctas** y hacerlas bien. El arte de la conversación dista mucho de la técnica de la interrogación. Preguntar para conversar no es preguntar interrogando.

Quizás lo más relevante sea utilizar las preguntas como «lubricante» de las conversaciones. La conversación, ese maravilloso invento de la evolución humana, tiene como resultado la modificación del estado de

información y conocimiento de cada participante. Las preguntas pueden ayudar a focalizar en qué profundizar, en qué invertir el tiempo del grupo involucrado.

Los humanos tenemos conversaciones básicamente por dos razones: para **aprender** (para intercambiar información) y para **apreciar** (para valorar al otro a partir de la información que comparte con nosotros). En este sentido, tendemos a apreciar a las personas con las que hay un intercambio de preguntas, con las que es posible una interacción creativa. Así, por ejemplo, está estudiado que, en los acontecimientos de citas rápidas (las *speed dates*), las personas están más dispuestas a tener una segunda cita con aquellas que hicieron más preguntas (me atrevo a especular que con aquellas que hicieron más preguntas interesantes).

Igualmente, se recomienda que a la hora de acudir a una entrevista de

trabajo se vaya con preguntas inteligentes que demuestren una inquietud productiva y que dejen claro que el interés por el trabajo va más allá de conseguir un salario. Por ejemplo, una pregunta siempre recomendable en estas circunstancias es «¿qué no estoy preguntando que debería estar haciendo?».

Para conseguir hacer **mejores preguntas** quizás la única manera obvia es hacer **muchas preguntas**. Y ello reclama que en la organización se haya creado un entorno que favorezca la voluntad de buscar nuevos conocimientos. Es como resucitar a Sócrates. Porque no se trata de hacer preguntas, sino de cómo se hacen, en qué contexto, con qué tono. Por ejemplo, es más útil hacer preguntas **abiertas** (en las que no hay una lista de respuestas entre las que escoger) que **cerradas** (en cuyo extremo, la respuesta solo puede ser un sí o un no).

También es preferible hacer preguntas **cooperativas** (que llevan a colaborar) que **competitivas** (qué puedo sacar del otro que me sirva para tener una ventaja sobre él). O preguntas que **inicien un intercambio,** que lleven a continuar la conversación, lo que en inglés se denomina *follow-up questions* (preguntas que precisan buscar más información de la que tenemos de partida).

En definitiva, hay que aprender a hacer bien buenas preguntas, a decidir de qué se puede hablar abiertamente y qué debe quedar en el ámbito de lo privado. Y a aplicar el arte de preguntar no solo para aprender, sino para disfrutar más de nuestro trabajo y de los demás.

048

¿<u>Máquinas</u> curiosas?

A menudo nos hacemos la pregunta de si las máquinas desarrollarán curiosidad y, más exactamente, si tendrán una curiosidad como la humana. Bueno, quizás una manera de determinarlo es preguntarle a una máquina al respecto, lo cual se ha hecho. Al *ChatGPT* de OpenAI (https://chat.openai.com/chat) se le han hecho tres preguntas. Y estas son las respuestas que ha dado, que hemos ilustrado con las imágenes creadas por otra máquina, *Craiyon:*

OpenAI, escribe un ensayo sobre la relevancia de la curiosidad humana:

La curiosidad humana es un rasgo fundamental que ha jugado un papel crucial en nuestra evolución y éxito como especie. Es la fuerza impulsora detrás de nuestro deseo de explorar, aprender y comprender el mundo que nos rodea. Nuestros antepasados confiaron en su curiosidad para sobrevivir en un mundo peligroso e impredecible, lo cual les permitió aprender sobre las plantas y los animales que los rodeaban y descubrir cómo usarlos como alimento, refugio y medicina. También les ayudó a desarrollar herramientas y tecnologías que les hicieron la vida más fácil y cómoda. En los tiempos modernos, la curiosidad humana sigue siendo un activo valioso. Impulsa el avance científico y tecnológico, ya que los investigadores e inventores buscan aprender más sobre el mundo y crear productos y servicios nuevos e innovadores. También alimenta nuestras actividades culturales y artísticas, a medida que exploramos nuevas ideas y nos expresamos de manera creativa. Pero quizás lo más importante, la curiosidad humana es esencial para nuestro crecimiento y desarrollo personal. Nos permite aprender nuevas habilidades, expandir nuestro conocimiento y desafiarnos a nosotros mismos de maneras que pueden ayudarnos a convertirnos en personas más completas y realizadas. En general, la curiosidad humana es un rasgo crucial que nos ha ayudado a prosperar y evolucionar como especie. Nos permite explorar el mundo que

¿Podrá una máquina ser curiosa?

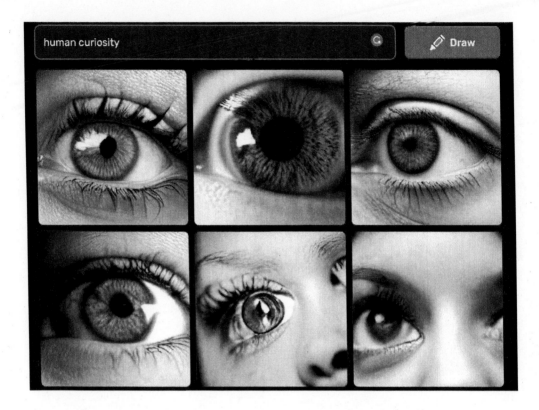

nos rodea, aprender y crecer, y ampliar los límites de lo que es posible.

OpenAI, ¿podrá una máquina ser curiosa?

Es difícil decir si una máquina puede o no ser verdaderamente curiosa de la misma manera que un ser humano. Las máquinas son capaces de procesar y almacenar grandes cantidades de información, y pueden programarse para buscar y aprender nueva información de manera sistemática y eficiente. Sin embargo, no poseen la misma estructura emocional y psicológica que los humanos, por lo que no está claro si pueden o no experimentar la misma sensación de asombro y descubrimiento que se asocia con la curiosidad humana. Una forma de abordar esta pregunta es considerar la prueba de Turing, que es una medida de la capacidad de una máquina para exhibir un comportamiento inteligente que es indistinguible del de un humano. Según esta prueba, una máquina podría considerarse curiosa si es capaz de entablar una conversación y responder preguntas de una manera que es difícil de distinguir de las respuestas de un humano. Sin embargo, esto no significaría necesariamente que la máquina esté experimentando curiosidad de la misma manera que lo hace un humano. En resumen, si bien las máquinas pueden simular la curiosidad hasta cierto punto, es poco probable que realmente puedan experimentarla de la misma manera que lo hacen los humanos: crecer y ampliar los límites de lo que es posible.

Open AI, ¿cuánto tardarán las máquinas en ser curiosas?

Es difícil predecir cuánto tiempo tardarán las máquinas en desarrollar la curiosidad, ya que esto dependería de una serie de factores, incluidos los avances en inteligencia artificial y robótica, así como las metas y objetivos específicos de los investigadores e ingenieros que trabajan en estas tecnologías. Actualmente, las máquinas pueden simular ciertos aspectos del comportamiento humano, incluido el aprendizaje y la resolución de problemas; sin embargo, no poseen la misma estructura emocional y psicológica que los humanos, por lo que no está claro si

realmente pueden experimentar emociones como la curiosidad. También es importante tener en cuenta que el desarrollo de máquinas con verdadera curiosidad humana plantearía cuestiones éticas y filosóficas sobre la naturaleza de la conciencia y los derechos y responsabilidades de las máquinas inteligentes. Estos problemas tendrían que ser cuidadosamente considerados y abordados antes de que tales máquinas pudieran desarrollarse. En resumen, si bien es posible que las máquinas eventualmente desarrollen curiosidad, es difícil predecir cuánto tiempo llevaría esto y qué implicaría.

En fin, para ti lector queda la inquietud sobre el mundo que viene, con incipientes máquinas curiosas. Por mi parte, he «escrito» este capítulo en cinco minutos, cuando normalmente tardo dos horas. ¿Soy ya prescindible?

049

La curiosidad y el sentido de la vida

Se me ocurre que una de las acciones más inútiles que podría hacer hoy es una lista de consejos para que seas más curioso o curiosa. Es frecuente encontrar en la red listas de consejos sobre lo que sea: para ser individualmente más productivo, para que un equipo funcione mejor, para ser más original o más creativo, para descubrir nuevas ideas, para imaginar lo que viene, para desarrollar la intuición. Como ves, he acabado haciendo una lista, porque hay tanto de lo que hablar, que lo primero que nos sale es organizarlo en grupos, en categorías, en consejos ordenados.

Pero la curiosidad no va de eso. La curiosidad va de **dejarse sorprender** por todo lo maravilloso que nos rodea. Y sobre todo va de darse vida comprobando que no lo has visto todo. Yo no puedo imaginar un mejor momento que el de descubrir un libro que me dice cosas nuevas

(algo realmente raro hoy en día). Otras personas necesitan ver ciudades nuevas (algo aún más difícil quizás, viendo lo anodino de la repetición de estilos que domina en una buena parte del mundo); o ponerse ante un lienzo en blanco y dejar que el universo dirija sus manos para que emerja algo que antes no existía; o conocer a personas, hacer nuevos amigos, construir nuevas relaciones, algo que, según algunos estudios, es la clave definitiva para ser feliz.

Porque, sea como sea, la medida última del sentido de la existencia quizás resida en la **felicidad**, la que experimentas y la que haces experimentar a otros. ¿No es un éxito rotundo que, al abrir un libro como *La narración de Arthur Gordon Pym*, de Edgar Allan Poe, te sumerjas (literalmente) en una fascinante travesía resultado de la imaginación del autor? ¿No es ese redescubrimiento diario del texto, por centenares de personas en distintos lugares del mundo, y la felicidad que les genera, un triunfo inmaterial, perpetuo, del autor?

La curiosidad es una **experiencia personal**. Eres tú el que descubre para ti. Esto es, puede que algo esté descubierto hace siglos, pero el hecho de que tú lo descubras

TO DO LIST

ahora cambia tu vida, la abre a nuevos aires. Lo que ves como curioso, lo que abre una ventana en tu mente, te cambia. Por ejemplo, puede que hayas oído mil veces que Champollion encontró la clave para descifrar los jeroglíficos egipcios y que hayas visto al menos una vez la *Piedra de Rosetta* en el Museo Británico. Pero el día en que descubres que lo consiguió gracias a asistir a las misas del último sacerdote de París que hablaba copto, esa lengua milenaria que era el único resquicio que quedaba de la lengua hablada por los antiguos egipcios, una nueva ventana de curiosidad se abre en tu mente. Así pues, lo que importa no es que alguien descubriera cómo descifrar los jeroglíficos, sino que **tú** puedes entender cómo se hizo. Hacerlo te cambia.

La humanidad es curiosa como especie porque cada humano lo es. Y esa necesidad irrefrenable de ver cosas nuevas, de saber y de explorar, de descubrir, es lo que nos ha hecho lo que hoy somos. La curiosidad es una experiencia personal que cambia el estado de cada uno de nosotros, y gracias a esa curiosidad de cada humano la humanidad es lo que es, para lo bueno y para lo malo.

Pero uno no debe ser curioso para conseguir algo. Bueno, en este texto hemos mostrado que ser curioso es bueno para aprender más y mejor, y para ser más útil en una organización. ¡Cierto! La curiosidad nos hace más creativos y desarrolla la inteligencia, pero lo más importante es que **la curiosidad nos da vida**. Tiene el potencial que hacer diferente cada minuto de nuestra existencia; nos da energía para indagar sobre algo, para perseverar en la búsqueda, en el descubrimiento. Y hay tantas cosas que puedes descubrir (desde el trabajo de Champollion a los sellos del imperio austrohúngaro) que es imposible no encontrar algo que pique tu curiosidad.

El problema de la curiosidad es que, aunque es algo fundamental en nuestras vidas, lo vemos como algo

banal, trivial. Sabemos que algo es
curioso («¡Mira qué curioso!»), pero
aún no entendemos que la utilidad y la
felicidad de nuestra existencia quizás
dependan de cómo manejemos ese
don de nuestra especie. En fin, que si
no eres curioso por algo, tú te lo
pierdes. Busca lo que mueva tu motor,
busca por qué sientes curiosidad. Y
tómatelo en serio.

050

La curiosidad, ¿qué hemos aprendido?

Este libro se originó desde la curiosidad por la curiosidad. Partimos de preguntarnos qué es y por qué es tan importante la curiosidad. Más aún, lo planteamos desde la convicción de que la curiosidad siempre ha sido la energía del progreso. Esto es, opino que el progreso ocurre porque la curiosidad incita al cerebro humano a descubrir y probar cosas nuevas.

Hemos tratado sobre qué es la curiosidad. Hemos visto que algunos diccionarios la definen como el «deseo de conocer, de saber». La curiosidad va de no quedarse inalterado ante algo, sino de inquietarse por descubrir qué hay detrás, de hacerse preguntas. Recordemos que quizás la mejor definición metafórica de la historia sea la de Thomas Hobbes en su

Leviatán, donde nos dice que la curiosidad es lo que nos distingue de los animales, además de la razón. Que es una pasión singular, la perseverancia en el placer de generar nuevo conocimiento, que, nos dice, «excede la corta vehemencia de cualquier placer carnal». Hobbes lo sintetiza, pues, con la expresión «la lujuria de la mente».

También hemos visto cómo ha evolucionado nuestra percepción de la curiosidad a lo largo de la historia. Empezamos con los gabinetes de curiosidades, esos lugares fascinantes repletos de cosas raras, sorprendentes, traídas de los rincones más exóticos del mundo. Unos espacios que acabaron convirtiéndose en las semillas de los museos de historia natural, de los laboratorios en los que se empezó a desarrollar la ciencia en el siglo XVII.

Una ciencia que nació de la curiosidad y de su aplicación a la comprensión de

la naturaleza y a la resolución de los problemas de la humanidad. Y hemos aprendido de la relevancia de la combinación de la curiosidad con la suerte. Como nos decía Goethe, «el descubrimiento necesita suerte, invención e intelecto; y ninguno de ellos puede triunfar sin los otros». A modo de ejemplo, hemos visto cómo muchos medicamentos que hoy son aplicados con gran eficacia no fueron pensados para lo que son usados. Así, por ejemplo, la Viagra, uno de los fármacos de más éxito comercial de la historia, fue inicialmente pensado para el tratamiento de la angina de pecho.

Hemos intentando entender la curiosidad desde su clasificación en distintos tipos. Vimos cómo los psicólogos Jordan Litman y Paula Silvia propusieron en 2005 dos aspectos diferentes de la curiosidad, que designaron con dos letras: la curiosidad I y la curiosidad D. La curiosidad I es la que resulta del interés por algo, mientras que la curiosidad D es la que resulta de sentirse desprovisto de información respecto a un tema, de verse ignorante sobre algo, de no entender qué es, cómo funciona, por qué existe, etc. La curiosidad D va de resolver algo, de llegar a un destino, mientras que lo interesante de la curiosidad I es puramente seguir el camino del descubrimiento de algo, dejándose inundar por el placer de la sorpresa.

En otra dirección, hablamos sobre las dos dimensiones de la curiosidad que propuso Daniel Berlyne, en los ejes sensorial-cognitivo, y específico-diverso. Entendimos que buscamos estímulos sensoriales-diversos cuando estamos aburridos; nos sumergimos en la curiosidad sensorial-específica cuando construimos un puzle; nos interesa ver un documental desde la posición cognitiva-diversa cuando queremos aprender algo nuevo, sobre lo que sea, y nos implicamos en la búsqueda de conocimiento desde el cuadrante cognitivo-específico cuando nos sumergimos en la investigación científica.

En los primeros capítulos hemos esbozado algo de lo que hoy se sabe sobre la curiosidad y el cerebro humano. Por ejemplo, vimos cómo diversos estudios parecen mostrar que no es que las personas creativas vean las cosas desde otra perspectiva o enfoque, sino que las ven literalmente distintas a como las ven otros humanos menos creativos. Así, por ejemplo, Leonardo da Vinci tenía una agudeza visual que le llevó a poder congelar en el tiempo las acciones que veía. Una persona creativa y, por extensión, de raíz curiosa, es decir, una persona con lo que coloquialmente diríamos una mente abierta, parece que tiene experiencias visuales fundamentalmente diferentes de las que tiene un individuo normal. Y vimos cómo existen distintas maneras de medir la curiosidad a través de diferentes test.

También hemos hablado de la curiosidad y la educación, de combinar las capacidades de los humanos con las de las máquinas, así como de qué herramientas podemos disponer para estimular la curiosidad individual y la colectiva. La mayoría de herramientas están orientadas a hacer buenas preguntas, a explorar nuevos espacios e ideas de forma sistemática, y a forzarse a interesarse por cosas que no están en nuestro horizonte de confort.

En definitiva, en estos 50 capítulos hemos dignificado la curiosidad, hemos entendido que es una habilidad humana crítica, y que contribuye a nuestra salud mental y general. La curiosidad es energía de progreso; es lo que nos hace humanos, lo que nos ha traído hasta este momento de la historia y lo que nos puede salvar de los enormes problemas que tendremos que resolver en un futuro tremendamente cercano.